Monika Bovermann
Manuela Georgiakaki
Renate Zschärlich

Paul, Lisa & Co

A1.1

Arbeitsbuch

Deutsch für Kinder
Deutsch als Fremdsprache

Hueber Verlag

7. 6. 5.   Die letzten Ziffern
2027 26 25 24 23   bezeichnen Zahl und Jahr des Druckes.
Alle Drucke dieser Auflage können, da unverändert,
nebeneinander benutzt werden.
1. Auflage
© 2018 Lizenzausgabe Hueber Verlag GmbH & Co. KG, München, Deutschland
Originalausgabe Paul, Lisa & Co 1, Hueber Hellas, Athen
Umschlaggestaltung: Sieveking · Agentur für Kommunikation, München
Layout und Satz: Sieveking · Agentur für Kommunikation, München
Verlagsredaktion: Iris Schultze-Naumburg, Silke Hilpert, Hueber Verlag, München
Druck und Bindung: Firmengruppe APPL, aprinta druck GmbH, Wemding
Printed in Germany
ISBN 978–3–19–311559–1

Art. 530_23393_001_05

Inhalt

Start!	5

Der Neue	
Lektion 1	7
Lernwörter	13
Lektion 2	14
Lernwörter	20
Das kann ich schon	21

Heute Nachmittag	
Lektion 3	22
Lernwörter	30
Lektion 4	31
Lernwörter	37
Das kann ich schon	38

Das Haustier	
Lektion 5	39
Lernwörter	46
Lektion 6	47
Lernwörter	54
Das kann ich schon	55

Aus Alt macht Neu	
Lektion 7	56
Lernwörter	64
Lektion 8	65
Lernwörter	72
Das kann ich schon	73

Kommst du mit?	
Lektion 9	74
Lernwörter	82
Lektion 10	83
Lernwörter	90
Das kann ich schon	91

Lösungen: Das kann ich schon	92

Wegweiser

• Übungsvielfalt

> Stickerübungen (mit Stickern im Anhang)

> Übungen zum Malen und Rätseln

> Übungen zum Schreiben und Rechnen

> … und viel mehr!

• Grammatik entdecken mit Tobi

• Lernwortschatzseite am Ende jeder Lektion

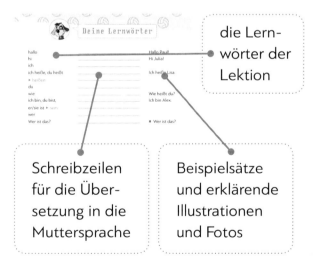

> die Lern-wörter der Lektion

> Schreibzeilen für die Über-setzung in die Muttersprache

> Beispielsätze und erklärende Illustrationen und Fotos

• Selbstevaluation am Ende des Moduls

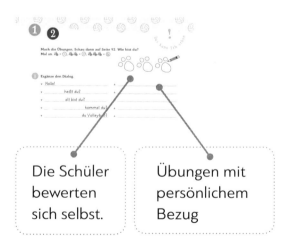

> Die Schüler bewerten sich selbst.

> Übungen mit persönlichem Bezug

Piktogramme und Symbole

 Stickerübungen
Die Sticker befinden sich im Anhang.

KB ▸ 1
KB ▸ 1
Hier findet sich das gerade geübte Lernziel im Kursbuch.

KB▸3

1 a Finde neun weitere Wörter und markiere sie.

UME COMPUTER SIRTBUSSCHSCHUHADONAMERLEUNAUTOMUTIIC

HTELEFONKSEISCHOKOLADEGIBSPIELTUSCDVAUMARMELADEKSOL

b Schreib die Wörter zu den Bildern.

 A Paul Meier   B    C   D

_____   _____   Computer   _____

 E   F    G    H

_____   _____   _____   _____

 I    J

_____   _____

KB▸6

2 Wie viele Buchstaben fehlen? 1, 2 oder 3? Ergänze die Buchstaben.

1. B ä̲ r

2. Tele_____n

3. Tü__

4. M_____dchen

5. N____me

6. Scho_____ade

7. L____we

8. _____melade

3 **Welche Zahl passt zu welchem Bild? Verbinde.**

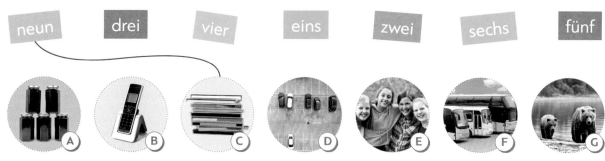

neun　　drei　　vier　　eins　　zwei　　sechs　　fünf

A　　B　　C　　D　　E　　F　　G

4 **Schreib die Zahlen richtig. Ergänze dann die Ziffern.**

(7) ibnese _sieben_　　( ) seni _____　　( ) izew _____

( ) edir _____　　( ) unen _____　　( ) csseh _____

( ) nüff _____　　( ) reiv _____　　( ) luln _____

( ) hatc _____　　( ) hezn _____

Deine Lernwörter

die Schokolade _____

das Auto _____

der Schuh _____

der Name _____
Name: Maria Lindner

der Bus _____

die CD _____

die Marmelade _____

der Computer _____

das Spiel _____

ja ↔ nein _____
☺ ↔ ☹

der Bär _____

das Mädchen _____

KB ▶ Einstieg

1 a **Ergänze den Dialog.**

◆ Hallo, wie heißt du?

● Ich bin _Maria_____ Und wer bist _____?

◆ _____ heiße _____.

b **Schreib einen Dialog wie in a in dein Heft.**

KB ▶ 2

2 **Wer ist das? Ergänze.**

Das ist _____   _____   _____

_____   _____   _____

_____   _____   _____

3 **Schreib Dialoge.**

◆ Ist das Alex? _____
● Nein. Das ist Felix.

◆ _____
● _____

◆ _____
● _____
● _____

◆ _____
● _____

KB ▸ **3**

4 **Was passt? Ergänze:** *Hallo oder Guten Morgen.*

_____   _____   _____, Lea.

KB ▸ **4**

5 **Ordne den Dialog.**

◯ Super. Ich auch.

◯ Ja.

◯ Hallo, spielst du Fußball?

6 **Ergänze die Fragen. Antworte dann mit** *Ja oder Nein.*

1. ▼ Spielst du __Fußball__?

 ▲ ☺ _____.

3. ▼ Spielst du _____?

 ▲ ☺ _____.

2. ▼ Spielst du _____?

 ▲ ☹ _____.

4. ▼ Spielst du _____?

 ▲ ☹ _____.

7 **Wie viele Buchstaben fehlen? 1 oder 2? Ergänze die Buchstaben.**

1. Ha__ll__o.

2. Du b_____t n_____.

3. Sp_____lst du Fu_____ba_____?

4. W_____ h_____ßt du?

KB ▸ 6

8 **Ergänze den Dialog.**

Toll! ·🐾 Emilia. Und du? ·🐾 Ja. ·🐾
Hallo, wie heißt du? ·🐾 Na, klar! Du auch? ·🐾
Ich bin Lena. Spielst du Volleyball?

▼ _____

● _Emilia. Und du?_ _____

▼ _____

● _____

▼ _____

● _____

9 a **Schreib deine Anzeige.**

Hallo, ich heiße

_____.

Ich spiele gern

_____.

Wer hat Lust?

Klasse _____,

Telefon _____.

b **Lies die Informationen. Schreib dann zwei Anzeigen in dein Heft.**

A **LISA,** Basketball, 4b

B **FABIAN,** Volleyball, 5a

1

KB ▸ 8

10 Lös das Bilderrätsel. Kleb die Aufkleber ein.

1. Ich fotografiere.   2. Ich mache Hausaufgaben.   3. Ich spiele Basketball.

4. Ich spiele Volleyball.   5. Ich spiele Computerspiele.   6. Ich spiele Sudoku.

11 a Lies die Dialoge und unterstreiche die Verben wie im Beispiel.

1. ▲ Alex, was machst du da?

   ▼ Ich spiele Sudoku.

2. ● Hallo, spielst du Fußball?

   ◆ Ja.

   ● Ich heiße Simon. Und wie heißt du?

   ◆ Ich heiße Felix.

3. Ich mache Hausaufgaben.

b Schau die Verben in a an. Kleb die Aufkleber ein.

	spielen	machen	heißen	sein
ich	spiel	mach	heiß	bin
du	spiel	mach	heiß	bist

KB ▸ 10

12 Was passt? Ergänze.

mache ⁙ ~~bin~~ ⁙ spielst ⁙ spiele ⁙ bin ⁙ heiße ⁙ heißt

1. Ich _bin_ Leon und ich _____ Tennis.

2. Hallo, ich _____ Marina. Ich _____ neu. Und du?

3. ▼ _____ du Computerspiele?   ▲ Nein, ich _____ Hausaufgaben.

4. ■ _____ du Florian?   ◆ Ja.

13 Was passt? Ergänze.

1. ■ _____ heißt du?   ● Simon.

2. ● _____ bist du?   ■ Ich bin Lisa.

3. ● _____ machst du da?   ■ Ich mache Hausaufgaben.

Wie
⁙
Was
⁙
Wer

14 Finde drei Fragewörter. Mal die Buchstaben zu jedem Fragewort in einer anderen Farbe an. Schreib dann damit Fragen in dein Heft.

WsiWreaWe

15 Bau Sätze. Kleb die Aufkleber ein.

1.   .

2.   ?

3.   ?

16 Welcher Satz passt? Kreuze an und trag den richtigen Satz ein.
Ergänze auch: „." oder „?".

1. _____ ◯ Wie heißt du?
                                 ◯ Heißt du Timo?

2. _____ ◯ Ich heiße Lina.
                                 ◯ Spielst du Tennis?

3. _____ ◯ Ist das Anna?
                                 ◯ Wer bist du?

17 In welches Tor muss der Ball? Verbinde.

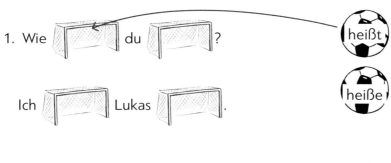

1. Wie [ ] du [ ] ?   heißt
   Ich [ ] Lukas [ ] .   heiße

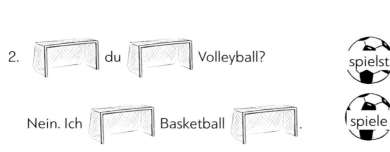

2. [ ] du [ ] Volleyball?   spielst
   Nein. Ich [ ] Basketball [ ] .   spiele

3. [ ] das [ ] Torsten?   ist
   Nein. [ ] ist [ ] Simon.   das

4. Wer [ ] bist [ ] ?   du
   [ ] ich [ ] Anna.   bin

hallo	_____	Hallo Paul!
hi	_____	Hi Julia!
ich	_____	
ich heiße, du heißt	_____	Ich heiße Lisa.
▶ heißen	_____	
du	_____	
wie	_____	Wie heißt du?
ich bin, du bist,	_____	Ich bin Alex.
er/sie ist ▶ sein	_____	
wer	_____	
Wer ist das?	_____	■ Wer ist das?
		▲ Das ist Felix.
neu	_____	Felix ist neu.
Guten Morgen.	_____	Guten Morgen,
die Frau	_____	Frau Mühlheim.

Sport

 Fußball   Tennis   Basketball   Volleyball

_____   _____   _____   _____

auch	_____	Spielst du auch Tennis?
ich spiele, du spielst	_____	Ja, ich spiele Tennis.
▶ spielen	_____	
das Computerspiel	_____	
das Hobby	_____	Hobby: Volleyball
die Klasse	_____	Klasse: 4d
und	_____	Ich spiele Fußball und Tennis.
na klar	_____	▼ Spielst du Fußball?
		● Na klar!
super	_____	Die Musik ist super. ☺
toll	_____	Die Brille ist toll. ☺
Was machst du da?	_____	■ Was machst du da?
ich fotografiere,	_____	● Ich fotografiere.
du fotografierst		
▶ fotografieren	_____	
die Hausaufgaben	_____	● Machst du Hausaufgaben?
ich mache, du machst	_____	
▶ machen	_____	
das Sudoku	_____	▼ Nein. Ich spiele Sudoku.

KB ▶ 3

1 Was ist das? Schreib die Wörter mit der, das, die.

das Foto _____ _____ _____

_____ _____ _____

2 Was ist anders? Finde noch sechs Unterschiede in Bild B und schreib in dein Heft.

1. der Schuh ...

KB ▶ 4

3 Wie findest du das? Schreib Sätze mit *super, cool, toll, lustig, gut, blöd, interessant.*

Das Auto ist _____ _____

_____ _____

KB ▸ 7

4 Schreib die Zahlen als Wörter.

0 _____ 4 _____ 8 _____

1 _eins_____ 5 _____ 9 _____

2 _____ 6 _____ 10 _____

3 _____ 7 _____

5 Wie viele Buchstaben hat das Wort? Zähl und schreib die Zahl als Wort.

1. du _zwei_____   6. elf _____

2. Hobby _____   7. Hausaufgaben _____

3. Alphabet _____   8. Deutschland _____

4. sieben _____   9. Kino _____

5. Adresse _____   10. Schokolade _____

6 Rechne. Schreib die Zahlen als Wörter.

1. zwei + fünf = _sieben_____   5. drei + elf = _____

2. sechs + fünf = _____   6. acht + vier = _____

3. sieben + neun = _____   7. neun + elf = _____

4. zwanzig - elf = _____   8. fünfzehn - acht = _____

7 Lies und schreib die Zahlen als Ziffern.

1. Meine Handynummer ist null eins fünf drei zwei fünf acht vier sechs sieben neun fünf.

   0 _____

2. Meine Telefonnummer ist vier drei neun acht sieben fünf.

   _____

KB ▸ 9

8 Was sagen sie? Schreib Sätze mit *schon*, *auch* oder *erst*.

A

Ich bin elf. B

Ich bin schon zwölf. C

D

E

9 Was passt zusammen? Kleb die Aufkleber in der richtigen Reihenfolge unter die Bilder.

A

B

Ich bin Philipp, Klasse 6a.

Oh! Ich bin erst zehn.

10 Was sagen sie? Ergänze den Dialog.

◆ Hallo, _wer_ _____? (1)

● Julian.

◆ _____? (2)

● Ich bin sechzehn.

◆ Was? _____? (3)

● Ja. Und _____? (4)

◆ _____ _elf_ . (5)

KB ▶ 11

11 Was sagen sie? Ergänze den Dialog.

David, Innsbruck, Österreich

Marina, Basel, Schweiz

▼ David, woher kommst du?

▲ Ich komme aus _____.

Und _____?

▼ _____.

12 Was passt nicht? Streiche durch.

1. Wie heißt / ~~bist~~ du?

2. Wer kommst / bist du?

3. Was macht / kommt Lisa?

4. Woher kommt / heißt Alex?

5. Wie macht / alt ist Paul?

13 Was passt? Trag die Sätze ein.

1.

2.

3.

Woher kommst du?
··
Felix kommt aus Berlin.
··
Bist du schon 12?

2

KB ▸ 12

14 Unterstreiche blau und rot wie in den Beispielen.

1. Das ist Jan. Er ist 15 Jahre alt und kommt aus Hamburg. Jan spielt Tennis. Er spielt super.

3. Das ist Lisa. Sie kommt aus Frankfurt. Sie ist 10 und sie ist auch in der Klasse 4b.

2. Das ist Alex. Er ist in der Klasse 4b und er spielt Basketball. Er ist cool.

4. Das ist Maria. Maria ist 10 und sie kommt aus Leipzig. Sie ist süß.

15 Lies die Texte. Schreib die Texte dann mit **er** und **sie** in dein Heft.

A Das ist Manuel Neuer. Manuel Neuer kommt aus Deutschland. Manuel Neuer spielt Fußball. Manuel Neuer spielt super.

B Das ist Christina Stürmer. Christina Stürmer kommt aus Österreich. Christina Stürmer singt toll.

A: Das ist Manuel Neuer. Er ...

16 a Lies den Text und unterstreiche die Verben wie im Beispiel.

Hallo! Ich heiße Amelie und er heißt Leo.
Ich bin 10
und er ist auch 10.
Ich spiele Tennis und er spielt Ball.

Ich komme aus Frankfurt und er kommt aus Hannover.
Wie heißt du?
Wie alt bist du?
Woher kommst du?

b Ergänze die Verben.

	spielen	kommen	heißen	sein
ich	spiel_e_	komm____	heiß____	bin
du	spiel____	komm____	heiß____	
er/sie	spiel____	komm____	heiß____	

17 **Was passt zusammen? Mal die passenden Teile gleich aus.**

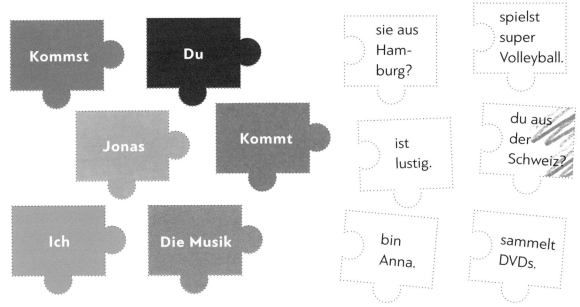

18 **Was passt? Ergänze.**

e   t   ~~st~~   st   t   e   t   t

1. ◆ Was mach__st__ du da?

   ■ Ich mach_____ Hausaufgaben.

2. ▼ Spiel_____ er Basketball?

   ▲ Nein, er spiel_____ Fußball.

3. ■ Was mach_____ sie?

   ◆ Sie spiel_____ Sudoku.

4. ▲ Komm_____ du aus Berlin?

   ● Nein, ich komm_____ aus Leipzig.

19 **Ergänze.**

1. ● Hi! Wer__bist__ du?

   ■ Ich _____ Oskar.

   ● Der Name _____ lustig.

2. ▼ Ich bin Niko, und wie

   _____ du?

   ◆ Tilo.

3. ▼ Er _____ 15.

   ▲ Was? Er _____ schon 15?

4. ▼ Das _____ Elena.

   ◆ Wie alt _____ sie?

5. ▼ Woher _____ er?

   ◆ Er _____ aus Hamburg.

6. ■ _____ du Sudoku?

   ▲ Nein, ich _____

   Hausaufgaben.

Deine Lernwörter

Gegenstände

die Brille

das Buch

die DVD

_____   _____   _____

das Foto

der Ball

_____   _____

---

die Musik	_____	
der Film	_____	
gut	_____	Das Buch ist gut. ☺
lustig	_____	Das Foto ist lustig. ☺
interessant	_____	Die DVD ist interessant.
blöd	_____	Der Film ist blöd. ☹
cool	_____	Das Auto ist cool. ☺
wie alt	_____	▼ Wie alt bist du?
11 Jahre	_____	■ Ich bin 11 Jahre alt.
schon	_____	● Ich bin schon 14 Jahre alt.
erst	_____	▲ Ich bin erst 10.
er	_____	Das ist Felix. Er ist super.
sie	_____	Das ist Lisa. Sie ist toll.
süß	_____	Julia ist süß.
woher	_____	
ich komme, du kommst, er/sie kommt	_____	▼ Woher kommst du?
▶ kommen		● Ich komme aus Berlin.
er/sie sammelt	_____	Felix sammelt Modellautos.
▶ sammeln		
aus (+ Stadt / Land)	_____	
(das) Deutschland	_____	aus Deutschland
(das) Österreich	_____	aus Österreich
ⓘ die Schweiz	_____	ⓘ aus der Schweiz

Das kann ich schon

Mach die Übungen. Schau dann auf Seite 92. Wie bist du?
Mal an. 🎨 = ☹, 🎨🎨 = 🙂, 🎨🎨🎨 = 😀

1 **Ergänze den Dialog.**

▽ Hallo! _____ ▲ _____

▽ _____ heißt du? ▲ _____

▽ _____ alt bist du? ▲ _____

▽ _____ kommst du? ▲ _____

▽ _____ du Volleyball? ▲ _____

2 **Was sagen die Kinder? Schreib Sätze in dein Heft.** A: Ich spiele ...

 A  B  C  D

3 **Wer ist das? Schreib Sätze in dein Heft.**

Name: Lena
Stadt und Land: Winterthur, Schweiz
Hobby: Sudoku spielen,
super Basketball spielen
Alter: 11

Das ist ...

4 **Wie findest du das? Schau die Bilder an und schreib Sätze in dein Heft.**

 A  B 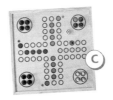 C  D

A: Die
Brille
ist ...

KB ▸ Einstieg

1 **Ergänze die Nachrichten.**

_____ heute

_____ ?

_____

_____

KB ▸ 1

2 **Was passt? Ergänze.**

Na klar. 👥 Nein, ich habe keine Zeit. 👥 Nein, wir haben keine Lust.

Spielt ihr auch Fußball?

Spielen wir Volleyball?

Spielen wir Tischtennis?

3 a **Findest du den Weg? Mach Pfeile.**

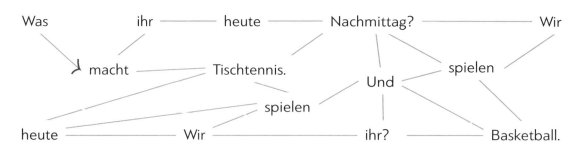

Was   ihr   heute   Nachmittag?   Wir

macht   Tischtennis.   Und   spielen

spielen

heute   Wir   ihr?   Basketball.

b **Schreib den Dialog in dein Heft.**

KB ▶ 2

4 Bau Sätze. Kleb die Aufkleber ein.

1. ⌐ ⌐ ⌐ ⌐ ⌐ ?

2. ⌐ ⌐ ⌐ ⌐ ⌐ .

3. ⌐ ⌐ ⌐ ⌐ ?

4. ⌐ ⌐ ⌐ ?

5 Schreib die Fragen und Antworten.

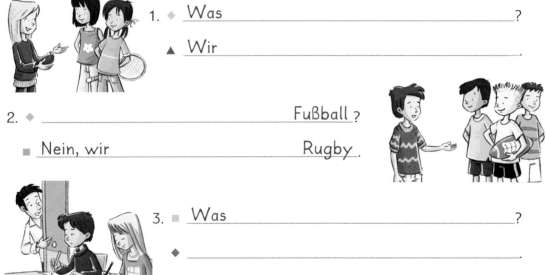

1. ◆ Was _____ ?

   ▲ Wir _____ .

2. ◆ _____ Fußball ?

   ■ Nein, wir _____ Rugby .

3. ■ Was _____ ?

   ◆ _____ .

6 a Lies den Dialog und unterstreiche die Verben wie im Beispiel.

◆ Hallo Jana, hallo Linus.
  Was <u>macht</u> ihr da?
▲ Wir machen Hausaufgaben.
  Und ihr?
◆ Wir spielen jetzt Basketball.
  Spielt ihr heute auch noch
  Basketball?
▲ Nein.

b **Ergänze die Verben aus a.**

	spielen	machen
ich	spiele	
du		
er/sie		

	spielen	machen
wir	spielen	
ihr	spielt	

7 **Was passt? Ergänze.**

spielen ❧ machst ❧ spielt ❧ macht ❧ spiele

● Was _machst_ du heute? (1)

▼ Ich _____ Fußball. (2)

■ Und was _____ Paul? (3)

▼ Er _____ auch Fußball. Und ihr? (4)

●■ Wir _____ Volleyball. (5)

KB ▶ 4

8 **Was passt? Ergänze.**

Klavier spielen ❧ Skateboard fahren ❧ Musik hören ❧ Karten spielen ❧ fernsehen

 1. _Musik hören_____

2. _____

 3. _____

4. _____

 5. _____

9 Was passt zusammen? Kreuze an.

	Klavier	Hausaufgaben	Karten	Musik	Tennis
spielen	×				
machen					
hören					

10 Ordne die Dialoge.

1. ( ) Na gut, spielen wir Volleyball.
   (1) Spielen wir heute Karten?
   ( ) Nein. Ich möchte Volleyball spielen.

2. ( ) Na gut, wir spielen Fußball.
   ( ) Ich möchte Basketball spielen.
   ( ) Was möchtest du heute machen?
   ( ) Basketball? Ach nein. Ich möchte Fußball spielen.

KB ▸ 5

11 Schreib vier Dialoge.

Ich möchte Skateboard fahren. • Spielen wir Karten? •
Nein. Ich möchte fernsehen. • Was möchtest du machen? •
Nein. Ich habe keine Lust. • Nein. Ich möchte Klavier spielen. •
Spielen wir Basketball? • Möchtest du Musik hören?

1. ◆ _____
   ▪ Nein, ich möchte Klavier spielen. _____

2. ● _____
   ▲ _____

3. ◆ _____
   ▪ _____

4. ▲ _____
   ▼ _____

12 a Bau Sätze. Kleb die Aufkleber ein.

1. ?

2. .

3. .

b Kleb die Aufkleber ein.

4. ?

13 In welches Tor müssen die Bälle? Verbinde.

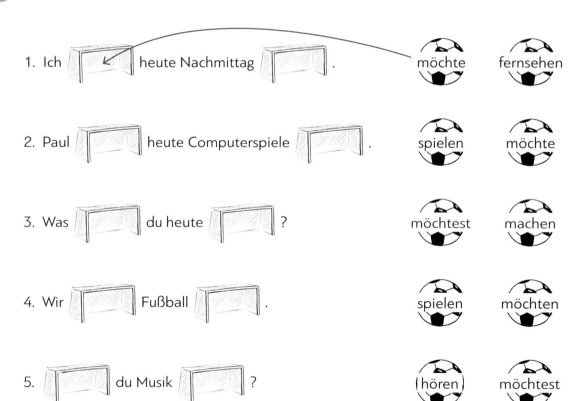

1. Ich ← heute Nachmittag .   möchte   fernsehen

2. Paul heute Computerspiele .   spielen   möchte

3. Was du heute ?   möchtest   machen

4. Wir Fußball .   spielen   möchten

5. du Musik ?   hören   möchtest

14 Schreib Sätze.

Was ❧ Klavier ❧ ~~möchte~~ ❧ Möchtest ❧ Musik ❧ hören ❧ du ❧ ~~Ich~~
möchte ❧ spielen ❧ möchtest ❧ machen ❧ du ❧ Ich ❧ fernsehen

1. Ich möchte _____ .

2. _____ ?

3. _____ ?

4. _____ .

KB ▸ 6

15 Wie heißt das Gegenteil? Schreib Sätze mit *nicht*.

1. Ich möchte Klavier spielen. ☹ Ich möchte nicht Klavier spielen. _____

2. Paul möchte schwimmen. ☹ _____

3. Julia möchte fernsehen. ☹ _____

4. Lisa möchte reiten. ☹ _____

5. Wir möchten tanzen. ☹ _____

6. Alex möchte Hausaufgaben machen. ☹ _____

_____

16 Finde vier weitere Wörter und markiere sie. Schreib sie dann zu den Bildern.

BUIFERNSEHENURTTANZENOPSTSCHWIMMENELENITREITENACHRSKLESENBANTU

A _____   C _____   E _____

fernsehen _____   _____   _____

KB ▸ 7

17 **Was machen die Kinder? Schreib.**

Fußball spielen, _____

_____

_____

_____

_____

_____

_____

KB ▸ 9

18 **Wann? Antworte.**

1. Wann spielen wir Tennis? <u>Um vier.</u> _____

2. Wann machen wir Hausaufgaben? _____

3. Wann möchtest du Klavier spielen? _____

4. Wann spielt ihr Karten? _____

KB ▸ 10

19 **Was passt? Ergänze die Dialoge.**

Ich auch nicht. ⦂ Ja. ⦂ ~~Nein, noch nicht.~~ ⦂ Nein, ich habe keine Lust.

1. ▼ Seid ihr fertig?   ▲ <u>Nein, noch nicht.</u> _____ ☹

   ● _____ ☺

2. ▼ Fahren wir Skateboard? ▲ _____ ☹

   ● _____ ☹

20 a **Lies den Text und unterstreiche die Verben wie im Beispiel.**

Ich <u>bin</u> hier,

du bist da.

Wo ist er?

Wo ist sie?

Wir sind hier.

Ach, da seid ihr ja!

b **Ergänze die Verben aus a.**

	sein
ich	bin
du	
er/sie	
wir	
ihr	

KB ▸ 11

21 **Ergänze den Dialog.**

(A) Hallo, wo __seid__ ihr?

(B) Hier _____ wir.

(C) Ach, da _____ ihr ja. _____ ihr fertig?

(D) Ja. Aber Peter _____ nicht da.

(E) Wo _____ er?

(F) Ich _____ hier.

(G) Na, dann los!

Deine Lernwörter

heute Nachmittag	_____	Heute Nachmittag
wir spielen, ihr spielt	_____	spielen wir Tennis.
▶ spielen	_____	
wir	_____	● Wir spielen Fußball.
ihr	_____	● Spielt ihr auch Fußball?
wir machen, ihr macht	_____	▼ Nein, wir machen
▶ machen	_____	Hausaufgaben.
wir haben, ihr habt	_____	
▶ haben	_____	
keine Lust	_____	Wir haben keine Lust. ☹
keine Zeit	_____	Ich habe keine Zeit. ☹

Freizeitaktivitäten

 lesen   reiten   schwimmen   tanzen

_____   _____   _____   _____

 Tischtennis spielen   Karten spielen   Klavier spielen

_____   _____   _____

Skateboard fahren   fernsehen   Musik hören

_____   _____   _____

ich möchte, du möchtest	_____	● Ich möchte Karten
▶ möchten		spielen.
na gut	_____	▼ Na gut.
nicht	_____	Ich möchte nicht tanzen.
wir sind, ihr seid ▶ sein	_____	
wann	_____	▲ Wann reiten wir?
um	_____	● Um fünf.
wo	_____	■ Wo seid ihr?
bei Julia	_____	▼ Wir sind bei Julia.
fertig sein	_____	● Seid ihr fertig?
noch nicht	_____	▲ Nein, noch nicht.
jetzt	_____	Wir lesen jetzt.

KB ▶ 2

1 Finde acht weitere Fächer und markiere sie.

G	E	S	C	H	I	C	H	T	E	W	F	A	L	K	M	U	D
E	P	S	U	R	T	K	E	N	G	L	I	S	C	H	U	B	Ä
S	H	P	N	K	U	N	S	T	Ü	F	D	E	U	T	S	C	H
B	I	O	L	O	G	I	E	N	A	R	S	P	I	Y	I	O	N
T	K	R	I	P	A	M	A	T	H	E	M	A	T	I	K	E	S
A	R	T	U	G	E	O	G	R	A	F	I	E	F	C	H	G	J

2 Was hat Simon heute? Schau das Bild an und schreib den Satz.

Simon hat _____

_____

KB ▶ 3

3 Wie heißen die Wochentage? Ergänze die fehlenden Buchstaben.

1. _____ntag   3. Mitt_____   5. Fre_ita_g   7. S_____tag

2. D_____stag   4. _____erstag   6. _____stag

4 Antworte.

1. Wann hast du Sport?   Am _____

2. Wann hast du Deutsch? _____

3. Wann hast du frei? _____

5 Ergänze: *um* oder *am*.

1. ● Was hast du _am_ Donnerstag?   3. Wir spielen _____ 5 Uhr Fußball.

   ▲ Deutsch.   4. _____ vier habe ich Volleyball.

2. ● Hast du _____ Freitag frei?   5. ● Wann ist die Party?

   ▲ Nein.   ▲ _____ Samstag _____ sechs.

KB ▸ 4

6 Welcher Smiley passt? Mal ☺ oder ☹.

1. Oh nein, wie langweilig. ☹
2. Toll! Das ist mein Lieblingsfach. ☺

3. Oh nein, wie doof. ☹
4. Super! Das finde ich interessant! ☺

KB ▸ 6

7 a Lies die Texte und unterstreiche die Verben wie im Beispiel.

1. Paul, was <u>haben</u> wir denn jetzt?
2. ▼ Was hast du am Montag?
   ▲ Am Montag habe ich Sport, Biologie, Deutsch, Mathematik und Musik.
3. Felix hat jetzt Deutsch.
4. ▼ Was habt ihr am Samstag?
   ▲ Am Samstag haben wir frei.

b Ergänze die Verben aus a.

	haben
ich	
du	
er/sie	
wir	haben
ihr	

8 Was passt? Ergänze.

1. ● <u>Hast</u> du heute Deutsch? ▲ Ja, um 5 Uhr.
2. ▼ Was _____ wir denn jetzt? ◆ Biologie.
3. ● Ich _____ jetzt Geschichte. ▲ Oh nein, wie langweilig.
4. Felix _____ jetzt Sport.
5. ▼ _____ ihr um 9 Uhr Mathematik? ◆ Nein, um 10 Uhr.

haben
🐾
habe
🐾
hat
🐾
~~hast~~
🐾
habt

KB ▸ 7

9 Was machen die Schüler? Ergänze die fehlenden Buchstaben.

1. Sie m<u>a</u>chen Exper<u>im</u>ente.
2. Sie f _____ grafieren.
3. Sie s_____hen Informationen im _____ernet.
4. Sie bast_____n Schi_____e.

5. Sie m____len B_____der.
6. Sie ko_____en Nudel_____.
7. Sie mac_____n Pla_____te.
8. Sie _____reiben Ge____ichte.

10 **Was passt zusammen? Verbinde.**

1. Paul bastelt   a) Nudeln.

2. Julia sucht   b) Schiffe.

3. Felix macht   c) Bilder.

4. Alex kocht   d) Plakate.

5. Lisa macht   e) Gedichte.

6. Maria schreibt   f) Informationen im Internet.

7. Tanja malt   g) Experimente.

KB ▸ 8

11 **Was passt zusammen? Mal die Sätze in derselben Farbe an.**

1. Ich mach   t Musik.

2. Wir mal   e das Projekt interessant.

3. Theo schreib   e Experimente.

4. Sie koch   n Schiffe.

5. Ihr hör   t Gedichte.

6. Die Schüler bastel   en Bilder.

7. Ich find   en Nudeln.

12 **Ergänze erst die Endungen und dann die anderen Verben.**

	malen	**suchen**	**basteln**
ich	mal____		bastle
du	mal____		
er/sie	mal____		
wir	mal____		
ihr	mal____		
sie	mal____		

13 **Was passt? Ergänze in der richtigen Form.**

suchen ⁛ spielen ⁛ haben ⁛ finden ⁛ ~~machen~~ ⁛
machen ⁛ malen ⁛ haben ⁛ machen

1. ▼ Was __machen__ Felix und Alex?

   ● Sie _____ Experimente.

   ▼ Super. Das _____ ich interessant.

2. ◆ Was _____ ihr denn da?

   ▲ Wir _____ Informationen im Internet.

3. ◆ _____ wir Bilder?

   ■ Nein, ich _____ keine Lust.

4. ▲ _____ wir heute Nachmittag Karten?

   ● Nein, ich _____ keine Zeit.

KB ▶ 10

14 **Ordne den Dialog.**

( ) Und Karten?   (1) Simon, spielen wir Volleyball?

( ) Volleyball? Nein, ich habe keine Lust.   ( ) Nein, ich möchte lieber Sudoku spielen.

15 **Antworte.**

 1. Möchtest du Musik hören, Paul?

   Nein, ich möchte lieber Computerspiele spielen.

 2. Möchtest du Skateboard fahren, Maria?

   _____

 3. Möchtet ihr Plakate schreiben, Alex und Felix?

   _____

4. Möchtest du Hausaufgaben machen, Lisa?

_____

5. Möchtet ihr Experimente machen, Julia und Jenny?

_____

KB ▶ 11

16 a Was passt? Ordne die Sprechblasen zu und unterstreiche die Verben wie im Beispiel.

(1) _c_

(2) _____

(3) _____

(4) _____

b Ergänze die Verben aus a.

	müssen
ich	
du	musst
er/sie	

a) Ich muss Gedichte schreiben.

b) Und Maria, was muss sie machen?

c) Simon, was <u>musst</u> du denn machen?

d) Sie muss Plakate machen.

17 Was passt? Ergänze.

....

möchtest • ~~musst~~ • muss • möchte

....

• _Musst_ (1) du heute Nachmittag Hausaufgaben machen?

▲ Nein.

• _____ (2) du Computerspiele spielen?

▲ Nein, ich _____ (3) lieber Karten spielen. Was macht Oskar?

• Er _____ (4) Hausaufgaben machen.

18 Bau Sätze. Kleb die Aufkleber ein.

1.  .

2.  ?

KB ▸ 12

19 In welches Tor muss der Ball? Verbinde.

1. Ich  Schokolade  .   möchte

2. ▼  du  Gedichte schreiben?   musst

   ▲ Ja,  ich  Gedichte schreiben.   muss

3. ◆ du heute Nachmittag Experimente machen ?   möchtest

   ■ Nein, ich lieber Tischtennis spielen.   möchte

4. Ich nicht im Internet Informationen suchen.   muss

5. ▼ Was  Felix  machen?   muss

   ● Er  Schiffe  basteln,   muss

   aber  er  lieber fotografieren.   möchte

Deine Lernwörter

4

Schulfächer

Biologie	Deutsch	Englisch
_____	_____	_____
Geografie	Geschichte	Kunst
_____	_____	_____
Mathematik	Sport	Musik
_____	_____	_____

Wochentage

Montag	Dienstag	Mittwoch	Donnerstag
_____	_____	_____	_____

Freitag	Samstag	Sonntag
_____	_____	_____

am Sonntag   _____

frei haben   _____   Am Sonntag habe ich frei.

haben   _____

(!) du hast, er/sie hat)

doof   _____

Das finde ich doof.

mein, dein Lieblingsfach   _____   Das ist mein Lieblingsfach.

langweilig   _____   Biologie ist langweilig. ☹

die Schüler   _____

sie   🧑‍🤝‍🧑   _____

Aktivitäten in der Klasse

Bilder malen	Experimente machen	Gedichte schreiben
_____	_____	_____
Informationen im Internet suchen	Plakate machen	Schiffe basteln
_____	_____	_____

Nudeln kochen   _____

müssen (!) ich muss,   _____
du musst, er/sie muss)

was   _____   ● Was musst du machen?

lieber   _____   ▼ Ich muss Plakate machen,
aber ich möchte lieber
Schiffe basteln.

Mach die Übungen. Schau dann auf Seite 92. Wie bist du?
Mal an. 🐾 = ☹, 🐾🐾 = ☺, 🐾🐾🐾 = 😃

1 **Ergänze die Dialoge.**

1. ◆ Fahren wir heute Nachmittag Skateboard?   ▲ 🚫 _____

2. ◆ Möchtest du Karten spielen?   ▲ ☺ _____

3. ◆ Spielen wir Tennis?   ▲ ☹ _____

2 **Dein Stundenplan: Was hast du am Mittwoch? Schreib in dein Heft.**

Am Mittwoch habe ich...

3 **Wann machst du das? Ergänze.**

▲ _____ machst du Hausaufgaben?

● _____

4 **Heute Nachmittag: Was musst du machen? Was möchtest du lieber machen? Was möchtest du nicht machen? Schreib Sätze.**

Ich muss heute Nachmittag _____

_____

Ich _____ lieber _____

_____

Ich _____

KB ▸ Einstieg

1 Welche Farben haben die Flaggen? Mal sie aus. Schreib dann die Farben auf.

1. Deutschland ___schwarz,_____

2. die Schweiz _____

3. Brasilien _____

2 Welche Farbe haben die Bälle? Ergänze.

A Der Ball ist _____

B _____

C _____

D _____

KB ▸ 2

3 Wie heißen die Tiere? Lös das Rätsel.

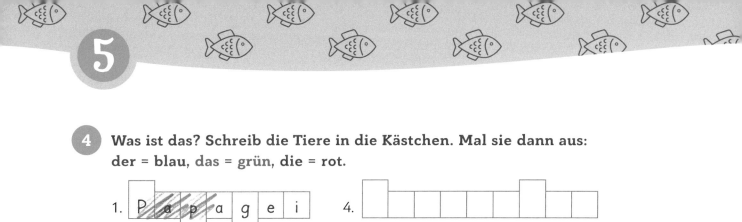

4 Was ist das? Schreib die Tiere in die Kästchen. Mal sie dann aus:
der = blau, das = grün, die = rot.

1. P a p a g e i   4.

2.   5.

3.   6.

5 Kleb die Aufkleber ein.

1. Das ist   Fisch.   2. Das ist   Pferd.   3. Das ist   Katze.

6 Finde fünf Tiere. Schreib sie in die richtige Spalte.

krö ⁙ len ⁙ chen ⁙ te ⁙ sit ⁙ Kat ⁙ Meer ⁙ gei ⁙ Schild ⁙
tich ⁙ schwein ⁙ nin ⁙ pa ⁙ Wel ⁙ ze ⁙ chen ⁙ Pa ⁙ Ka

ein	ein	eine
		Katze

7 Was ist das? Antworte.

A

B

Das ist ein _____   _____

_____

_____

KB ▶ 5

8 Was passt zusammen? Verbinde.

1. Der Papagei heißt Lori.
2. Der Hund heißt Bodo.
3. Das Pferd heißt Cesar.
4. Die Schildkröte heißt Mira.

a Sie kann nicht singen.
b Es kann springen.
c Er kann sprechen.
d Er kann schwimmen.

9 Ergänze: er, es oder sie.

▼ Der Papagei heißt Toni. _____ (1) kann singen.

▲ Toll! Und schau mal, das Kaninchen. _____ (2) ist süß!

▼ Die Katze ist auch süß.

▲ Ja, _____ (3) heißt Mina.

▼ Das Pferd ist auch super. _____ (4) kann springen.

KB ▶ 6

10 Ergänze: sch oder s.

Die Super-_Sch_ildkröte

_____ie ist _____üß, _____ie ist _____warz,

_____ie ist _____nell. _____ie kann _____wimmen

wie ein Fi_____ und _____o _____ön _____ingen.

5

KB ▸ 7

11 **Was passt? Ergänze.**

Fußball spielen ❀ er ❀ ~~Tobi~~ ❀ braun ❀
schwimmen ❀ Skateboard fahren ❀ drei Jahre

Wo ist mein Hund?

Er heißt ___Tobi___. (1) Er ist _____. (2) Tobi ist _____

_____ (3) alt. Er kann _____ (4)

und _____. (5)

Tobi kann auch _____. (6)

Wo ist _____? (7)

Kontakt: Lisa, Klasse 4b

12 **Ergänze die Verben.**

	können
ich	kann
du	
er/es/sie	

13 **Was passt? Ergänze.**

1. ▲ ___Kannst___ du um 5 kommen?

   ▼ Nein, um 5 _____ ich nicht. Da spiele ich Schach.

2. Schau mal, der Hund _____ telefonieren.

3. ▲ Ich _____ Deutsch und Englisch schreiben.

   ▼ Ich auch. _____ du auch Chinesisch schreiben?

   ▲ Nein.

4. Die Maus _____ Hip-Hop tanzen.

kannst
❀
kann
❀
~~kannst~~
❀
kann
❀
kann
❀
kann

14 a Was passt zusammen? Verbinde.

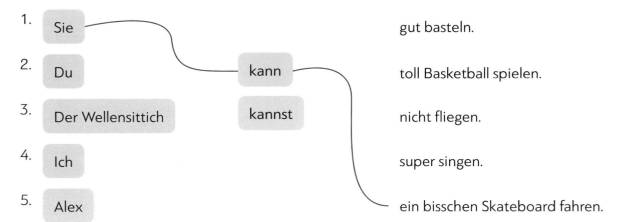

1. Sie

2. Du

3. Der Wellensittich

4. Ich

5. Alex

kann

kannst

gut basteln.

toll Basketball spielen.

nicht fliegen.

super singen.

ein bisschen Skateboard fahren.

b Schreib dann fünf Sätze in dein Heft.

KB ▶ 8

15 In welches Tor muss der Ball? Verbinde.

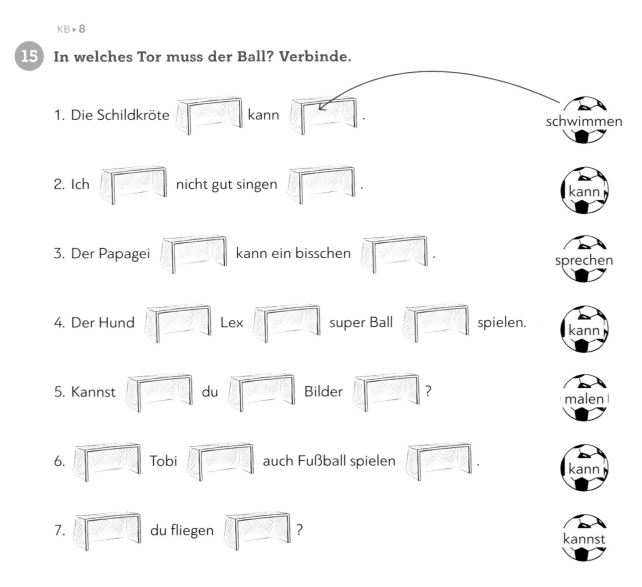

1. Die Schildkröte [ ] kann [ ] .

2. Ich [ ] nicht gut singen [ ] .

3. Der Papagei [ ] kann ein bisschen [ ] .

4. Der Hund [ ] Lex [ ] super Ball [ ] spielen.

5. Kannst [ ] du [ ] Bilder [ ] ?

6. [ ] Tobi [ ] auch Fußball spielen [ ] .

7. [ ] du fliegen [ ] ?

schwimmen

kann

sprechen

kann

malen

kann

kannst

KB ▶ 9

16 **Wer hat welches Tier? Schreib Sätze.**

| 1. Philipp | 2. Anna | 3. Mia | 4. Lea | 5. Noah |

| eine Schildkröte | einen Fisch | eine Katze | einen Hund | ein Kaninchen |

1. Philipp hat _____

2. _____

3. _____

4. _____

5. _____

17 **Was passt? Ergänze.**

eine ⋅ ~~einen~~ ⋅ ein ⋅ ein ⋅ eine ⋅ einen

1. Papagei: Elena hat __einen__ Papagei. Ich möchte auch _____ Papagei.

2. Pferd: Lucie hat _____ Pferd. Ich möchte auch _____ Pferd.

3. Katze: Daniel hat _____ Katze. Ich möchte auch _____ Katze.

KB ▶ 10

18 **Ergänze: *ein*, *eine* oder *einen*.**

1. ◆ Hast du __ein__ Haustier?

   ▼ Ja, ich habe _____ Hund.

2. ▪ Ich möchte _____ Fisch.

   ▲ _____ Fisch finde

   ich langweilig. Der kann doch nur

   schwimmen.

3. ● Schau mal, _____ Schildkröte.

   Süß!

   ◆ Ich möchte auch _____

   Schildkröte.

4. ▲ Ist das _____ Wellensittich?

   ▼ Nein, das ist _____ Papagei.

19 **Wo passt das? Ordne zu.**

süß 🐾 langweilig 🐾 schön 🐾 super 🐾 ~~toll~~ 🐾
blöd 🐾 doof 🐾 lustig 🐾 cool 🐾 interessant

☺   ☹

toll _____   _____

_____   _____

_____   _____

20 **Wie findest du die Tiere? Schreib Sätze mit** *lustig,*
doof, süß, langweilig **oder** *cool* **in dein Heft.**

A: Das ist ein Fisch.
Er ist langweilig.

A
B
C
D

KB ▶ 11

21 **Wie viele Buchstaben fehlen? 1, 2 oder 3? Ergänze die fehlenden Buchstaben.**

Lieber Paul,

ich __ha__be auch zwei Haus_____re: (1) einen Hund und eine

M_____: Blacky und Mickey. (2) Blacky, mein H_____d,

ist weiß und _____arz. (3) Meine _____us Mickey ist

gr_____ und _____iß. (4) Sie kann _____nzen und

spr_____en. (5)

Blacky k_____ gut Fu_____ll spi_____en. (6)

Schreib mir bald!

Dein Sven

 **Deine Lernwörter**

Farben

 blau

braun

orange

gelb

 grau

grün

lila

rot

schwarz

weiß

Tiere

der Fisch

der Hund

das Kaninchen

die Katze

die Maus

das Meerschweinchen

der Papagei

das Pferd

die Schildkröte

der Wellensittich

---

können (!) ich kann, du kannst, er/es/sie kann)

telefonieren

springen

singen

sprechen

fliegen

schön

es

ein bisschen

Schach spielen

gern

das Haustier

Das Pferd kann springen.

Die Katze kann singen.

Der Papagei kann sprechen und fliegen.

Das Kaninchen ist schön.

Es ist weiß und schwarz.

Ich kann ein bisschen Schach spielen.

Ich möchte gern ein Haustier.

KB ▶ 2

1 **Was passt zusammen? Verbinde.**

1. Wann spielen wir Volleyball?
2. Wo seid ihr?
3. Wie viele Stunden schläfst du?
4. Wer ist das?
5. Woher kommst du?
6. Wie alt bist du?
7. Was möchtest du machen?
8. Was isst du jeden Tag?

- a) Paul.
- b) Zwölf.
- c) Salat.
- d) Aus Bremen.
- e) Zehn Stunden.
- f) Bilder malen.
- g) Um vier Uhr.
- h) Bei Julia.

2 **Ergänze die Dialoge.**

1. ◆ Was ist denn das?

   ▪ Das ist _____.

2. ◆ Möchtest du eine _____?

   ▪ Ja, gern.

3. Oh, toll, _____ mmmh!

4. ◆ Isst du _____?

   ▪ Nein.

5. ◆ Wo ist der _____?

   ▪ Hier!

3 **Was passt? Kreuz an und schreib die Dialoge in dein Heft.**

1. a) Wie viele Stunden schläfst du?
   b) Schläfst du?

2. a) Was isst du?
   b) Isst du gern Joghurt?

Ja, ich schlafe!

Ich esse Joghurt!

6

KB ▸ 4

4 Ergänze die Verben. Was verändert sich? Notiere den Buchstaben.

	schlafen		essen	
ich		a		e
du		↓		↓
er/es/sie	schläft	↓	isst	↓

KB ▸ 5

5 Was passt? Ordne zu.

Mutter • Oma • Vater • Großvater • Schwester • Bruder • Opa • Großmutter

1. Großeltern: Oma _____ + _____

2. Eltern: _____ + _____

3. Geschwister: _____ + _____

6 Finde fünf weitere Familienmitglieder und markiere sie. Schreib die Wörter.

MULAVATEROKASCHWESTERBRAVOMAMUTTERSCHWOPANABRUDER

Vater, _____

7 a Lies den Text und unterstreiche die Verben.

Sebastian Vettel fährt Formel 1. Er übt viel. Er läuft auch viel, aber nicht Marathon.

b Ergänze die Verben.

	fahren	laufen
ich	fahre	laufe
du		
er/es/sie		
wir	fahren	
ihr		lauft
sie	fahren	

8 **Was machen die Personen? Schreib Sätze.**

1. Fabian Lehmann: 14 Stunden   Fabian Lehmann schläft _____

2. Elias Lehmann: Nudeln und Schokolade _____

_____

3. Markus Lehmann: Marathon _____

_____

4. Amelie Lehmann: Einrad _____

_____

KB ▸ 6

9 a **Lies das Interview. Ergänze: *mein/meine* oder *dein/deine*.**

Reporterin: Was machen deine Eltern?

Elias: __Mein__ (1) Vater ist Lehrer und Hausmann. _____ (2) Mutter ist Ingenieurin.

Reporterin: Zaubert _____ (3) Bruder auch?

Elias: Nein. _____ (4) Bruder ist erst eins. Er kann nicht zaubern.

Reporterin: Und _____ (5) Schwester?

Elias: Auch nicht, aber _____ (6) Schwester kann jonglieren

und sie fährt Einrad. _____ (7) Opa kann ein bisschen zaubern.

Und _____ (8) Oma ist Schneiderin.

Reporterin: Hast du ein Idol?

Elias: Ja, _____ (9) Idol ist der Zauberer Jean Garin.

b **Schreib die unterstrichenen Wörter aus a in die richtige Spalte.**

mein/dein	mein/dein	meine/deine
_____	Idol	_____
_____	_____	_____
_____	_____	_____

10 Lies den Chat. Ergänze: *mein/meine* und *dein/deine*.

Luis11: Hallo. Mein Name ist Luis. Ich bin 11. Wie ist ___dein___ (1) Name?

Sarah10: Hi, ich bin Sarah. Ich bin erst 10. Hast du Geschwister?

Luis11: Ich habe eine Schwester und einen Hund. _____ (2)
Schwester heißt Ina, _____ (3) Hund heißt Charly. _____ (4)
Schwester kann singen und _____ (5) Hund kann springen.
Hast du auch ein Haustier? Wie heißt _____ (6) Haustier?

Sarah10: Ich habe einen Bruder und eine Katze. _____ (7)
Bruder heißt Benni, _____ (8) Katze heißt Ophelia.

KB ▸ **8**

11a Die Informationen im Text sind falsch. Schreib den Text richtig in dein Heft.

Das ist Elias. Sein Hobby ist Karten spielen. Seine Mutter ist Lehrerin und sein Vater ist Ingenieur. Seine Oma kann zaubern. Seine Schwester fährt Skateboard und kann auch zaubern. Sein Bruder kann jonglieren. Er ist schon elf.

Elias

b Ergänze: **sein, sein, seine**.

_____ Vater, Opa, Bruder

_____ Hobby, Idol

_____ Familie, Mutter, Oma, Schwester

12 a Welche Wörter bilden einen Satz? Mal die Wörter mit der gleichen Farbe aus und verbinde die Satzteile.

ist sportlich.   Sein   Sein   jongliert.   Vater   ist Jean Garin.

Schwester   Sein   ist Fußball spielen.   Hobby   Familie   Seine

Opa   läuft Marathon.   kann ein bisschen zaubern.   Idol   Sein   Seine

b Schreib sechs Sätze.

1. Seine Familie _____

2. _____

3. _____

4. _____

5. _____

6. _____

KB ▶ **9**

13 Lies die Fragen im Kursbuch, Seite 52, 9b. Ergänze: ihr, ihr, ihre.

_____ Beruf, Bruder

_____ Hobby, Sternzeichen

_____ Schwester, Lieblingsfarbe

14 Ergänze: *ihr* oder *ihre*. Ordne dann Fragen und Antworten zu.

1. Wie ist __ihr__ Name?
2. Wie heißt _____ Bruder?
3. Was ist _____ Sternzeichen?
4. Was ist _____ Hobby?
5. Was ist _____ Lieblingsmusik?
6. Was ist _____ Lieblingsfarbe?

a) Klavier spielen.
b) Popmusik.
c) Blau.
d) Fisch.
e) Oskar.
f) Lisa Weber.

6

KB ▶ 10

15 **Wem gehört das? Ergänze.**

sein Hund ⁖ ihre Brille ⁖ sein Schuh ⁖ ~~seine Brille~~ ⁖ ihr Hund ⁖ ihr Schuh

A   Das ist seine Brille.

B   _____

C   _____

D   _____

E   _____

F   _____

KB ▶ 11

16 **Ergänze die richtige Form.**

♂	♀		♂	♀
der Lehrer			der Schauspieler	
der Ingenieur			der Arzt	! die Ärztin
	die Sekretärin		der Koch	!
	die Architektin		! der Hausmann	! die Hausfrau

17 **Finde sieben weitere Berufe. Markiere: der = blau, die = rot.**

L	E	H	R	E	R	I	N	E	I	S	I	W	O	H	E	R	T
Q	W	Ä	E	R	T	Z	U	I	O	P	Ü	B	N	A	M	U	K
K	C	R	V	I	L	L	I	N	G	E	N	I	E	U	R	A	N
Ö	K	Z	E	S	T	S	E	K	R	E	T	Ä	R	S	I	L	K
C	S	T	A	M	O	R	T	E	N	D	U	L	O	M	Ü	C	H
H	A	I	S	D	F	G	H	J	K	L	Ö	S	L	A	C	H	D
I	G	N	S	A	R	C	H	I	T	E	K	T	I	N	N	O	F
N	S	C	H	A	U	S	P	I	E	L	E	R	Ä	N	E	I	S

18 **Was passt? Ordne zu und ergänze die Sätze.**

Arzt ❀ Lehrer ❀ Schauspielerin ❀ Sekretärin ❀ Ingenieur ❀ Architekt

Er ist _Ingenieur._

Sein Name ist

Rafael Schmidt.

_____

_____

_____

_____ Thomas Gundel.

_____

_____

_____

_____ Michael Hiller.

_____

_____

_____ Bettina Schön.

_____

_____

_____ Till Kaiser.

_____

_____

_____ Carolin Becher.

KB ▶ 12

19 **Was machen die Personen? Schreib Sätze in dein Heft.**

1. Johanna

Mutter

2. Elias

Vater

3. Amelie

Schwester

4. Fabian

Bruder

1. Johannas Schwester ist...

Deine Lernwörter

jeden Tag	_____	Elias zaubert jeden Tag
zwei Stunden	_____	zwei Stunden.
wie viel	_____	■ Wie viele Stunden schläfst
schlafen (!) du schläfst,	_____	du?
er/es/sie schläft)	_____	▼ Ich schlafe acht Stunden.
essen (!) du isst,	_____	● Isst du Müsli?
er/es/sie isst)	_____	▼ Nein, ich esse Wurst.

Lebensmittel

die Banane

_____

das Müsli

_____

der Joghurt

_____

die Pizza

_____

der Salat

_____

die Wurst

_____

laufen (!) du läufst,
er/es/sie läuft)

_____
_____

fahren (!) du fährst,
er/es/sie fährt)

_____
_____

Sie fährt Einrad.

Familie

der Opa / die Oma
der Großvater / die Großmutter

_____

= Großeltern

_____

der Vater / die Mutter

_____

= Eltern

_____

der Bruder / die Schwester

_____

= Geschwister

_____

mein, mein, meine
dein, dein, deine
sein, sein, seine (♂)
ihr, ihr, ihre (♀)

_____
_____
_____
_____

Mein Hobby ist Lesen.
Dein Bruder heißt Nils.
Sein Vater heißt Joachim.
Ihre Mutter heißt Sabine.

Berufe

der Architekt / die Architektin

_____

der Arzt / die Ärztin

_____

der Hausmann / die Hausfrau

_____

der Sekretär / die Sekretärin

_____

der Koch / die Köchin

_____

der Lehrer / die Lehrerin

_____

der Schauspieler / die Schauspielerin

_____

der Ingenieur / die Ingenieurin

_____

Das kann ich schon

Mach die Übungen. Schau dann auf Seite 92. Wie bist du?
Mal an. 🐝 = ☹, 🐝🐝 = ☺, 🐝🐝🐝 = 😃

1 **Such dir ein Haustier aus. Wie heißt dein Haustier? Wie sieht es aus? Was kann dein Haustier? Schreib in dein Heft.**

Ⓐ

Ⓑ

Ⓒ

Das ist mein ...
... heißt ...

2 **Ergänze die Antworten.**

◆ Kannst du Hip-Hop tanzen? _____

▲ Na _____

▲ Ja, ein _____

▲ Nein _____

3 **Meine Familie: Stell zwei Personen aus deiner Familie vor und zeig ein Foto. Wer ist das? Was ist er/sie von Beruf? Was isst er/sie gern? Was kann er/sie gut? Schreib in dein Heft.**

Das ist m...

4 a **Ergänze den Steckbrief mit den Angaben deiner Freundin/deines Freundes.**

Vorname: _____   Hobbys: _____

Nachname: _____   _____

Alter: _____   Geschwister: _____

Lieblingsfarbe: _____   _____

b **Schreib einen Text über deine Freundin/ deinen Freund in dein Heft.**

Das ist mein Freund Marc. Sein Nachname ist Rossel. Er ist...

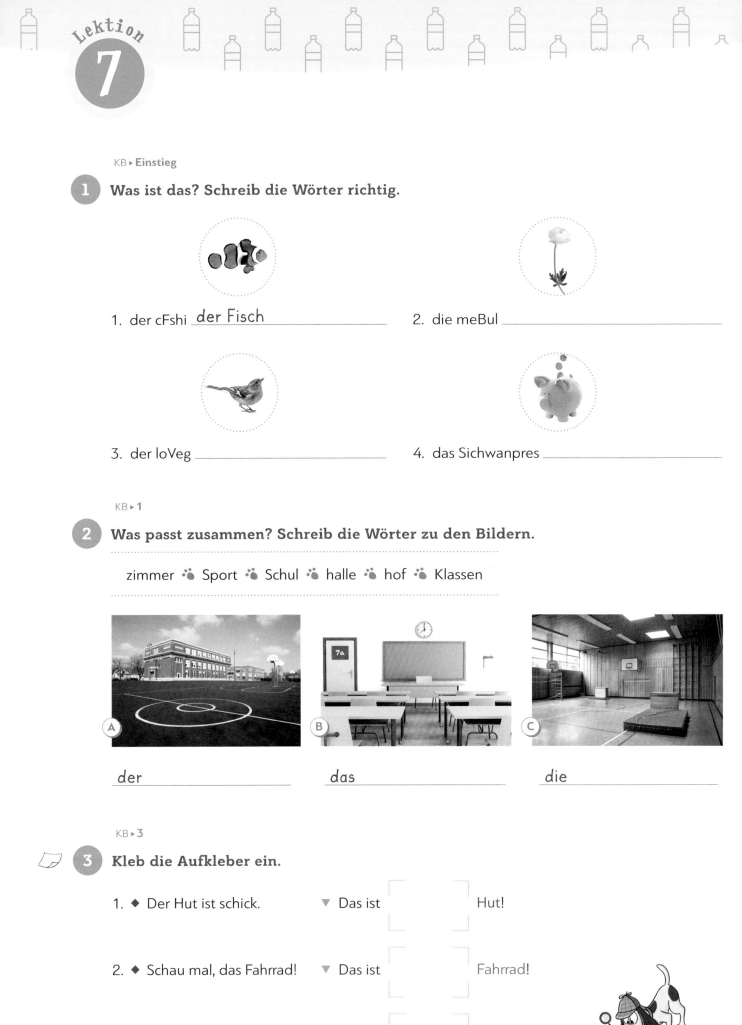

KB ▶ Einstieg

1 **Was ist das? Schreib die Wörter richtig.**

1. der cFshi _der Fisch_____

2. die meBul _____

3. der loVeg _____

4. das Sichwanpres _____

KB ▶ 1

2 **Was passt zusammen? Schreib die Wörter zu den Bildern.**

zimmer ⋰ Sport ⋰ Schul ⋰ halle ⋰ hof ⋰ Klassen

der _____   das _____   die _____

KB ▶ 3

3 **Kleb die Aufkleber ein.**

1. ◆ Der Hut ist schick. ▼ Das ist [ ] Hut!

2. ◆ Schau mal, das Fahrrad! ▼ Das ist [ ] Fahrrad!

3. ◆ Toll, die Kette! ▼ Das ist [ ] Kette!

KB ▶ 4

4 **Was ist das? Ergänze.**

▲ Ist das ein Hund?

◆ Das ist _kein Hund_ , das ist _e_____ (1) Kaninchen.

▲ Ist das _____ (2) Fahrrad?

◆ Das ist _____ (3) Fahrrad, das ist _____ (4) Brille.

▲ Ist das _____ (5) CD?

◆ Das ist _____ (6) CD, das ist _____ (7) Buch.

KB ▶ 6

5 **Ordne die Wörter richtig ein.**

das Auto ·🐾 die Blume ·🐾 das Foto ·🐾
das Haustier ·🐾 der Hut ·🐾 der Vogel ·🐾
die Maus ·🐾 der Hund ·🐾 der Ball ·🐾
der Fisch ·🐾 das Buch ·🐾 das Hobby ·🐾
das Fahrrad ·🐾 die Kette ·🐾
das Sparschwein ·🐾 die Plastiktüte

die Vögel ·🐾 die Autos ·🐾 die Ketten ·🐾
die Sparschweine ·🐾 die Blumen ·🐾
die Fische ·🐾 die Mäuse ·🐾 die Hüte ·🐾
die Bücher ·🐾 die Fotos ·🐾 die Hunde ·🐾
die Plastiktüten ·🐾 die Haustiere ·🐾
die Fahrräder ·🐾 die Bälle ·🐾 die Hobbys

der Hut _____

das Auto _____

die Blume _____

die Autos _____

6 **Wie viele sind das? Schreib Sätze wie im Beispiel.**

Das sind

vierzehn

Meerschweinchen.

7 a Lies den Text und unterstreiche die Formen von *sein*.

▲   Die Ausstellung ist ja genial! Findest du nicht?

●   Die Hüte sind cool. Besonders der Hut hier ist schick.

▲   Ist das ein Hut?

●   Na klar. Das ist ein Hut!

▲   Und die Tiere sind auch toll. Der Vogel hier ist süß.
    Er ist gelb, grün und blau.

●   Und die Fische! Sie sind so schön. Ui, schau mal, die Kette!
    Sie ist super!

▲   Das ist keine Kette. Und das ist kein Hut!

●▲ Paul ist ein bisschen langweilig!

b Ergänze die Formen von *sein*.

Singular			*Plural*		
Der Hut / Er Das Auto / Es Die Kette / Sie	_____	schön.	Die Hüte / Sie Die Autos / Sie Die Ketten / Sie	_____	schön.
Das	_____	ein Hut.	Das	_sind_	Hüte.

**8 Lies die Sprechblase. Wie sind deine Schulfächer? Was meinst du?
Schreib Sätze mit *interessant, toll, langweilig, doof* …**

Biologie ist interessant. Englisch
und Kunst sind langweilig.

_____

_____

_____

_____

_____

9 Ergänze die Formen von *sein*.

	sein		sein
ich	bin	wir	
du	bist	ihr	
er/es/sie		sie	

KB ▶ 7

10 a **Wer malt was, wer bastelt was? Schreib Sätze.**

1. Theo: Ich bastle   kein Auto, ich bastle einen Papierflieger.

2. Jan: Ich bastle   keinen Fisch, ich male eine Schildkröte.

3. Hanna: Ich male   keine Katze, ich male einen Papagei.

4. Sara: Ich male   keinen Papierflieger, ich bastle ein Auto.

1. _Theo bastelt_ _____ _er bastelt_ _____

2. _____

3. _____

4. _____

b **Ergänze einen, ein/kein, eine/keine.**

Das ist	ein / kein Papagei.	_____ / kein Auto.	eine / _____ Brille.
Ich male	_____ / keinen Papagei.	ein / _____ Auto.	_____ / _____ Brille.

11 **Was ist anders? Finde sechs Unterschiede in Bild B und schreib Sätze in dein Heft.**

1. Der Mann hat keinen...

KB ▸ 8

12 a Ergänze.

1. ▼ Was ist das?

   ◆ Das ist eine __Schere__. Und das sind _____.

2. ▼ Ist das ein _____?

   ◆ Ja. Und das sind _____.

3. ▼ Was ist das? Sind das Plastikflaschen?

   ◆ Nein, das sind keine _____, das sind _____.

b Ergänze: **ein/eine, kein/keine und keine.**

Das ist	ein Fisch, _____ Tier, _____ Schere.
	kein Fisch, _____ Tier, _____ Schere.

Das sind	Fische, Tiere, Scheren.
	_____
	Fische, Tiere, Scheren.

13 a Ergänze.

Ich bastle einen Geldbeutel. Ich brauche keine _____ (1),

keine _____ (2) und keine _____ (3).

b Was passt? Ergänze: *kein* oder *keine*.

Ich brauche Zeitungen, Dosen, Plastiktüten.

Ich brauche _____ Zeitungen, Dosen, Plastiktüten.

14 Was sagen sie? Schreib Sätze.

1. Papagei

Ich bastle einen Papagei.

Ich brauche _____

_____

_____

2. Tasche

Ich mache _____

Ich brauche _____

_____

Ich brauche keine _____

3. Auto

_____

_____

_____

_____

4. Hut

_____

_____

_____

5. Fisch

_____

_____

_____

15 **Was passt nicht? Streiche durch.**

1. Das ist kein / ein / ~~keinen~~ Papagei.
2. Maria bastelt keine / keinen / eine Blume.
3. Ist das ein / kein / einen Sparschwein?
4. Wir brauchen keinen / – / keine Dosen.

KB ▶ 10

16 a **Unterstreiche die Wörter mit den richtigen Farben: blau, grün, rot oder gelb.**

eine Dose	Autos	ein Fisch	Dosen	eine Schere	Fische	ein Auto

eine Safttüte Scheren ein Flugzeug eine Schüssel Flugzeuge Schüsseln

ein Hund Safttüten ein Foto ein Ball ein Buch ein Hobby Hunde

Fotos ein Hut Bücher ein Fahrrad eine Kette Klebebänder Hüte

ein Vogel Bälle eine CD Hobbys eine Maus ein Film ein Sparschwein

Fahrräder CDs eine Flasche Ketten Filme Vögel Mäuse Sparschweine

Flaschen ein Klebeband

b **Ordne die gelb markierten Wörter ein.**

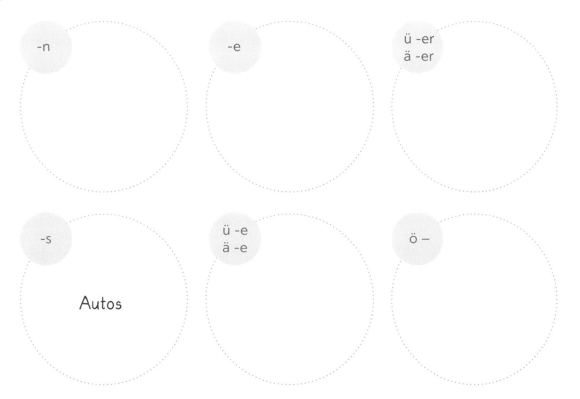

-n

-e

ü -er
ä -er

-s

Autos

ü -e
ä -e

ö –

7  Deine Lernwörter

die Blume, die Blumen _____

der Vogel, die Vögel _____

das Sparschwein, _____
die Sparschweine

In der Schule

das Klassenzimmer

die Sporthalle

der Schulhof

_____   _____   _____

keine Ahnung _____

kein, kein, keine _____

das Fahrrad,  _____
die Fahrräder

die Kette, die Ketten _____

der Hut, die Hüte _____

das Flugzeug, _____
die Flugzeuge

die Tasche, die Taschen _____

die Plastikflasche, _____
die Plastikflaschen

die Zeitung, _____
die Zeitungen

die Dose, die Dosen _____

die Plastiktüte, _____
die Plastiktüten

die Safttüte, _____
die Safttüten

Bastelmaterial

der Kleber,
die Kleber

die Schere,
die Scheren

die Farbe,
die Farben

das Klebeband,
die Klebebänder

_____   _____   _____   _____

brauchen _____   Ich brauche eine Schere.

der Geldbeutel, _____   Der Geldbeutel
die Geldbeutel   ist aus Safttüten.
sein aus _____

KB ▶ 2

1 **Das kannst du alles sammeln! Schreib die Wörter mit:**
der = blau, das = grün oder die = rot.

Autogramm ❀ Sticker ❀ Zeitung ❀ Stein ❀ Film ❀ Rucksack ❀ Fahrrad ❀
Foto ❀ Schal ❀ Geldbeutel ❀ Briefmarke ❀ Poster ❀ Hut ❀ Comic

das Autogramm

2 **Was passt nicht? Streiche durch.**

1. Sammelst du Sticker / Hobby / Sammelkarten ?
2. Der Fußballfan hat Autogramme / Steine / Schals vom FC Bayern München.
3. Hast du einen Ball / ein Autogramm / eine Briefmarke von Manuel Neuer?

3 **Schreib die Wörter mit die. Ordne die Wörter dann ein.**

Autogramm ❀ Sticker ❀ Sammelkarte ❀ Schal ❀ Zeitung ❀ Stein ❀ Kino ❀
Tasche ❀ Comic ❀ Poster ❀ Briefmarke ❀ Hut ❀ Fahrrad ❀ Foto ❀ Rucksack

-e

die Autogramme

-(e)n

–

-s

ä -er

ü -e
ä -e

KB ▶ 4

4 a Welches Bild passt? Kreuze an.

1. Der Elefant malt meinen Bruder.

 A ✗
 B ○

2. Der Mann isst den Fisch.

 A ○
 B ○

3. Meine Mutter fotografiert meinen Hund und meine Katze.

 A ○
 B ○

4. Mein Pferd findet meine Geschwister toll.

 A ○
 B ○

5. Meine Eltern suchen das Kaninchen und die Schildkröte.

 A ○
 B ○

6. Die Tiere finden die Bananen super.

 A ○
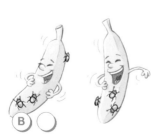 B ○

b **Ergänze: *mein*/*meine*/*meine* und *das*/*die*/*die*.**

Nominativ	Der / Mein Hund	Das / ______ Kaninchen	Die / ______ Katze	______ / ______ Hunde, Kaninchen, Katzen
	findet	findet	findet	finden
Akkusativ	den / meinen Fußball	______ / mein T-Shirt	______ / ______ Spiel-Maus	______ / ______ Fußbälle und T-Shirts
	toll.	cool.	super.	genial.

5 **Was ist richtig? Unterstreiche.**

1. Den / Das / <u>Die</u> Musik ist toll.
2. Wie findest du den / das / die Stein?
3. Paul möchte ein / eine / einen Papagei.
4. Lisa möchte eine / einen / ein Tasche basteln.
5. Ich finde den / das / die Katze süß.
6. Felix findet den / das / die IMAX-Kino super.
7. Ich möchte keinen / keine / kein Autogramm, ich möchte deinen / deine / dein T-Shirt.
8. Paul hat eine / einen / ein Schwester. Er findet seinen / sein / seine Schwester doof.

6 **Ergänze die Endung, wo nötig.**

1. Ich gebe dir mein_e___ Tasche. Bekomme ich dafür dein______ T-Shirt?
2. ■ Möchtest du d______ Karten? ▲ Nein, ich sammle kein______ Sammelkarten.
3. ■ Hast du d______ CD von Justin Bieber? ▲ Na klar.
4. ■ Ich möchte d______ Sticker von Ronaldo ▲ O.K. Ich gebe dir mein______ Sticker.
5. Ist das Lisas Bruder? Wie heißt ihr______ Bruder?
6. Herr Kimmich, Sie sind mein______ Lieblingsspieler. Geben Sie mir bitte ein______ Autogramm?

7 Ergänze die Dialoge.

1. ▲ Ich _gebe_____ dir mein UFO.

   _____ ich dafür dein UFO?

   ● Nein.

   ▲ Schade.

2. ▨ _____ du die Banane?

   ● Ja.

   ▨ Ich _____ dir die Banane. _____

   ich dafür _____?

   ● O.K.

3. ▪ _____

   ◆ _____

   ▪ _____

   _____

   ◆ O.K.

KB ▶ 5

8 Was ist richtig? Kreuze an und ergänze.

1. Ich bin Fan von Emma Watson und

   ich _suche_____ Poster.

   ☒ a) suche   b) gebe   c) bekomme

2. Kannst du mir helfen? Ich

   _____ 3 Euro.

   a) kaufe   b) tausche   c) brauche

3. Ich habe viele PC-Spiele. Wer möchte

   _____?

   a) brauchen   b) tauschen   c) sammeln

4. Mein Bruder _____

   Modellautos und Briefmarken.

   a) sammelt   b) kauft   c) braucht

5. ▼ Möchtest du den Sticker?

   ▲ Nein, ich _____ keine Sticker.

   a) gebe   b) habe   c) sammle

6. Ich gebe dir den Porsche.

   _____ ich dafür den Audi?

   a) Tausche   b) Suche   c) Bekomme

KB ▶ 6

9 a Lies den Text von Robert. Er enthält viele Wiederholungen.
Unterstreiche die Wiederholungen.

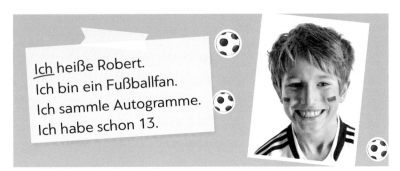

Ich heiße Robert.
Ich bin ein Fußballfan.
Ich sammle Autogramme.
Ich habe schon 13.

b Lies den Satz und schreib den ganzen Text besser.

Ich heiße Robert und ~~ich~~ bin ein Fußballfan.

Ich heiße Robert
und bin ...

10 Verbinde die Sätze wie in 9b und schreib sie in dein Heft.

1. Ich mache heute Nachmittag Hausaufgaben. Ich spiele auch Computerspiele.
2. Mein Freund spielt Basketball. Mein Freund fährt Skateboard.
3. Mein Papagei heißt Rosi. Mein Papagei ist 16 Jahre alt.
4. Ich möchte das Poster von Batman. Ich gebe dir das Poster von Spiderman.

KB ▶ 9

11 a Interview mit Frau Lech: Ergänze die Fragen.

Spielen Sie ❘❘ ~~sammeln Sie~~ ❘❘ haben Sie ❘❘ Sind Sie

▼ Frau Lech, seit wann <u>sammeln Sie</u> (1)

Elefanten?

■ Seit 30 Jahren.

Frau Lech

▼ Wie viele Elefanten _____ (2)?

■ 2783.

der Elefant

▼ _____ (3) im Guinness-Buch der Rekorde?

■ Nein, noch nicht.

▼ _____ (4) mit den Elefanten?

■ Ich nicht, aber meine Kinder.

b Was fehlt? Ergänze die fehlenden Formen.

	spielen	sammeln	haben	sein
ich	spiele	sammle	habe	bin
du	spielst	sammelst	hast	bist
er/es/sie	spielt	sammelt	hat	ist
wir	spielen	sammeln	haben	sind
ihr	spielt	sammelt	habt	seid
sie	spielen	sammeln	haben	sind
Sie				

12 Ergänze die Verben in der richtigen Form.

▲ Was _____ (1) Sie denn da? (*machen*)

▼ Ich baue eine Sandburg.

▲ _____ (2) Sie Architekt? (*sein*)

▼ Nein, Sandburgen sind mein Hobby.

▲ Und wie _____ (3) Sie? (*heißen*)

▼ Ich heiße Manuel Biedermann.

 13 Was passt? Kleb die Aufkleber ein.

1. ◆ Paul, sammel [ ] du Poster? ▲ Nein, Poster find [ ] ich blöd.

2. ◆ Frau Lech, hab [ ] Sie auch Elefanten-Fotos? ■ Nein.

3. ▼ Wie heiß [ ] dein Bruder? ● Julian.

4. ● Woher komm [ ] ihr, Jenny und Ben? ■ Wir komm [ ] aus der Schweiz.

5. ◆ Was tausch [ ] die Kinder? ▼ Ich glaube, Sticker.

14 a Ergänze die Antworten im Interview wie im Beispiel.

▼ Frau Lech, wie ist Ihr <u>Vorname</u>?

▪ <u>Mein Vorname</u> (1) ist Sabine.

▼ Wo ist Ihr <u>Elefanten-Museum</u>?

▪ _____ (2) ist in Mühlhausen.

▼ Sind Ihre <u>Elefanten</u> alle im Haus?

▪ _____ (3) sind im Haus und im Garten.

▼ Wie findet Ihre <u>Familie</u> die Elefanten?

▪ _____ (4) findet sie toll.

b Schreib die unterstrichenen Wörter aus a in die richtige Spalte.

Ihr/mein	Ihr/mein	Ihre/meine	Ihre / meine
	Elefanten-Museum		

15 Was passt zusammen? Verbinde.

1. Wie heißen Ihre —— Name?
2. Wie ist Ihr _____ Foto?
3. Wer ist Ihr _____ Eltern?
4. Ist das Ihr _____ Mutter?
5. Wie heißt Ihre _____ Lieblingsspieler?
6. Sind das Ihre _____ Hobby?
7. Was ist Ihr _____ Vögel?

16 Ergänze die Fragen mit **Ihr**, **Ihr** oder **Ihre** und den Wörtern.

▼ Wie ist <u>Ihr Name</u>? ▪ Ich heiße Bettina Martens.

▼ Was ist _____? ▪ Mein Hobby ist Graffiti.

▼ Was ist _____? ▪ Blau.

▼ Was ist _____? ▪ Ich bin Schauspielerin.

Beruf
⁑
Lieblingsfarbe
⁑
Name
⁑
Hobby

Deine Lernwörter

Sammelgegenstände

der Sticker, die Sticker

der Rucksack, die Rucksäcke

der Stein, die Steine

_____

_____

_____

der Comic, die Comics

das Poster, die Poster

der Schal, die Schals

_____

_____

_____

das Modellauto, die Modellautos

die Briefmarke, die Briefmarken

_____

_____

die Sammelkarte, die Sammelkarten

das Autogramm, die Autogramme

_____

_____

---

geben	_____	▼ Ich gebe dir mein Poster. Bekomme ich dafür den Comic?
bekommen	_____	
		● Nein.
		▼ Schade!
schade	_____	
viele	_____	Ich habe viele Autogramme.
tauschen	_____	Tauschst du Autogramme?
der Star, die Stars	_____	Ronaldo ist ein Star.
der Fan, die Fans	_____	Ich bin Fußballfan.
der Fußballverein, die Fußballvereine	_____	Mein Fußballverein ist der 1. FC Köln.
der Spieler, die Spielerin	_____	Frau Loth, haben Sie einen Lieblingsspieler?
Sie	_____	
Ihr	_____	Was ist Ihr Lieblingsverein?
Herr Bauer	_____	Herr Bauer, sammeln Sie Fan-Artikel?
der Fan-Artikel, die Fan-Artikel	_____	

8

Mach die Übungen. Schau dann auf Seite 92. Wie bist du?
Mal an. ✏️ = ☹, ✏️✏️ = ☺, ✏️✏️✏️ = 😀

Schau dann auf Seite 92.

1 Du möchtest einen Geldbeutel basteln.
Was brauchst du? Was brauchst du nicht?
Schreib.

Ich brauche _____

_____

I _____ keine _____

2 Schau die Bilder an und ergänze die Dialoge.

1. ◆ _____ du die Briefmarke schon?

   ▲ Nein.

   ◆ Ich _____ dir die Briefmarke.

   _____ ich dafür die Sticker?

   ▲ O.k.

2. ▼ _____ du den Stein?

   ● Nein. Ich _____ keine Steine.

   ▼ ☹ _____ !

3 Du interviewst diesen Fußballfan. Schreib einen Dialog in dein Heft.

Hallo, Frau ...

KB ▸ Einstieg

1 **Finde vier weitere Wörter und markiere sie. Schreib die Wörter.**

HULE(LINEAL)OPSBUNTSTIFTARTUSPITZEREUZL

OPRADIERGUMMIFÖRTEIBLEISTIFTSIRT

Lineal, _____

KB ▸ 2

2 **Schreib die Wörter in Farbe (der = blau, das = grün, die = rot) zu den Bildern oder kleb die Aufkleber ein.**

1. der Kugelschreiber

2. _____

3. das Mäppchen

4. _____

5. der Filzstift

6. _____

7. der Radiergummi

8. der Malkasten

9. der Spitzer

10. _____

11. _____

12. das Lineal

3 a Unterstreiche die Wörter mit den richtigen Farben: der = blau,
das = grün, die = rot oder die = gelb.

das Heft   der Kugelschreiber   die Hefte   der Malkasten   der Spitzer
das Handy   die Buntstifte   der Bleistift   der Füller   der Buntstift   der Pinsel
die Mäppchen   die Spitzer   das Lineal   das Mäppchen   die Bücher   das Buch
die Kugelschreiber   der Rucksack   die Lineale   die Füller   die Pinsel
der Radiergummi   die Malkästen   der Filzstift   die Handys   die Rucksäcke
die Filzstifte   die Radiergummis   die Bleistifte

b Ordne die gelb markierten Wörter ein.

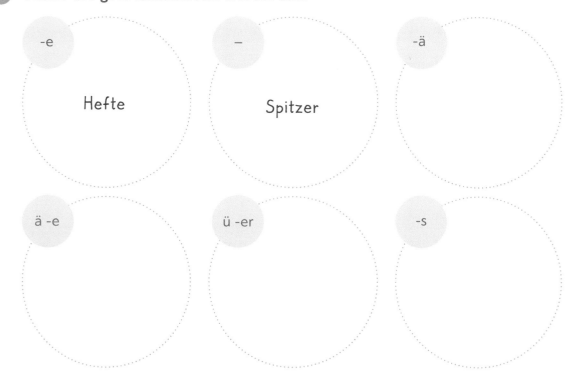

-e

Hefte

–

Spitzer

-ä

ä -e

ü -er

-s

4 Was passt zusammen? Schreib die Wörter mit der, das oder die zu den Verben in die Kreise. Es gibt mehrere Lösungen.

Heft ∙• Spitzer ∙• Bleistift ∙• Pinsel ∙• Mäppchen ∙• Buch ∙• Füller ∙•
CD ∙• Lineal ∙• Brille ∙• Filzstift ∙• Malkasten ∙• Block ∙• Buntstift

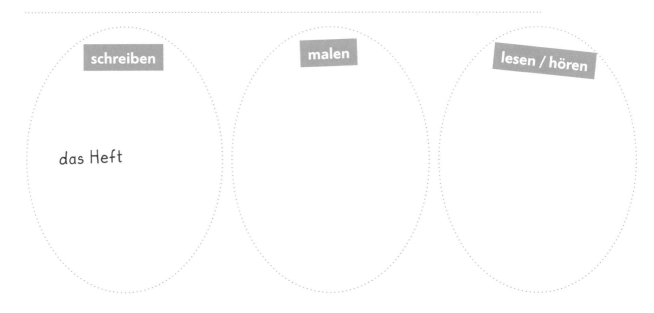

schreiben

das Heft

malen

lesen / hören

KB ▶ 5

5 Finde zwölf weitere Zahlen, die größer sind als 10, und markiere sie. Schreib die Zahlen als Ziffern.

m	ü	s	i	g	a	n	s	t	r	d	v	i	e	r	z	i	g	e	r	g	a
d	n	a	z	u	c	h	t	e	h	r	ö	b	u	s	h	n	u	l	k	u	n
r	t	p	d	a	h	r	ä	l	d	e	r	t	a	k	u	f	s	i	ä	r	t
e	e	p	r	a	t	s	l	o	e	i	n	u	n	d	f	ü	n	f	z	i	g
i	l	t	e	t	u	a	c	h	t	u	n	d	s	e	c	h	z	i	g	a	h
z	w	e	i	u	n	d	z	w	a	n	z	i	g	u	h	o	s	g	o	l	p
e	i	n	ß	i	d	b	a	u	n	d	r	a	c	s	i	e	b	z	e	h	n
h	s	e	i	t	v	ä	n	e	u	n	z	e	h	n	a	j	i	w	ä	r	d
n	a	t	g	r	i	m	m	s	r	e	t	v	i	e	r	t	s	ö	r	u	r
ä	k	f	ü	n	e	f	r	u	k	u	s	e	c	k	o	h	i	l	t	k	e
p	s	i	n	e	r	s	t	a	u	n	e	n	a	o	r	i	l	f	a	u	i
e	z	w	a	n	z	i	g	ü	h	z	s	o	c	h	z	e	u	n	a	l	d
t	m	a	n	z	i	s	ä	r	r	i	k	s	s	i	e	b	z	i	g	i	f
s	k	a	t	s	g	d	u	n	i	g	a	r	s	l	b	t	i	n	c	k	t

22, _____

6 Ergänze die Zahlenreihen. Schreib in dein Heft.

1. (4) (8) (12) (16) (20) (24) ⟶ (64)   vier, acht, ...

2. (10) (11) (13) (16) (20) (25) ⟶ (88)

7 Welche Zahlen ergeben 22? Rechne wie im Beispiel mit *plus* + oder *minus* -.

(24)   (61)   (42)   (17)   (19)   (8)   (3)

(39)   (13)   (5)   (14)   (9)   (46)   (20)

1. neunzehn _____ + _____ drei _____ = (22)

2. sechsundvierzig _____ - _____ = (22)

3. _____ = (22)

4. _____ = (22)

5. _____ = (22)

6. _____ = (22)

7. _____ = (22)

8 Schreib die Zahlen als Ziffern.

1. dreiundzwanzig 23

2. neunundsiebzig _____

3. fünfunddreißig _____

4. zweiundvierzig _____

5. einundneunzig _____

6. siebenundachtzig _____

9 Rechne. Schreib die Zahlen als Wörter.

1. 72 - 31 = einundvierzig _____

2. 5 x 25 = _____

3. 23 + 49 = _____

4. 3 x 8 = _____

5. 98 - 59 = _____

6. 49 + 46 = _____

KB ▸ 6

10 a Schreib die Preise als Ziffern.

> fünf Euro neunundvierzig ①
>
> _5,49 €_

> acht Euro neunundneunzig ②
>
> _____

> sieben Euro fünfundzwanzig ③
>
> _____

> dreizehn Euro zwanzig ④
>
> _____

> zweiunddreißig Euro zehn ⑤
>
> _____

> elf Euro siebzig ⑥
>
> _____

b Was passt? Ergänze: *billig* oder *teuer*.

1. _Oh, das ist_ _____

_____

10 €

2. _Das ist aber_ _____

_____

100 €

11 a Lies den Text und unterstreiche die Formen von *finden* und *kosten*.

Julia: He, wie <u>findet</u> ihr die Buntstifte?

Lisa: Ich finde sie schön.

Alex: Geht so. Was kosten die Buntstifte?

Julia: Ein Buntstift kostet 2 Euro 90. Zwei kosten nur 5 Euro. Mein Vater findet das leider zu teuer. Findest du das auch zu teuer, Lisa?

b Ergänze die Formen von *finden* und *kosten*.

	finden			**kosten**
ich	find__	der Buntstift	er	
		das Buch	es	_____
du	find_____	die Sporttasche	sie	
er/es/sie	find_____	fünf Buntstifte	sie	_____
wir	find_____			
ihr	find _et_			
sie/Sie	find_____			

12 Was passt zusammen? Verbinde.

1. Der Rucksack kost   et Biologie toll.
2. Wie findet   le ein Auto aus Dosen.
3. Isst   ihr auch Sticker?
4. Paul find   ihr meine Sporttasche?
5. Findest   et 69 Euro 90.
6. Ich bast   du gern Nudeln?
7. Du bast   elst einen Papierflieger.
8. Sammelt   du den Rucksack teuer?

13 Ergänze *finden* und *kosten* in der richtigen Form.

◆ Was kosten (1) die Bleistifte?

■ Ein Bleistift _____ (2) 1,50 Euro. Fünf Bleistifte _____ (3) nur 7 Euro.

◆ Wie _____ (4) ihr den Hut?

■▼ Wir _____ (5) den Hut doof. Er kostet 80 Euro!

▼ Wie _____ (6) du das Fahrrad?

■ Toll! Was _____ (7) es?

▼ 98 Euro.

■ Oh, das ist teuer. Aber schau mal, das Skateboard _____ (8) nur 29 Euro.

▼ Super. Ich _____ (9) das Skateboard auch cool.

KB ▶ 8

14 Lies den Text und unterstreiche die Verben wie im Beispiel.
Schreib dann das Wort auf.

Julia: He, Lisa, was machst du denn jetzt?   _____ (1)

Lisa: Ich kaufe mit Alex Schulsachen ein.   einkaufen _____ (2)

Kommst du auch mit?   _____ (3)

Brauchst du nichts?   _____ (4)

Julia: Doch, klar! Bringst du mir bitte etwas mit?   _____ (5)

Moment. Ich schreibe alles auf.   _____ (6)

15 Ergänze die Sätze.

mit kommen ⚫ mit-spielen ⚫ mit bringen ⚫

auf schreiben ⚫ ein kaufen ⚫ mit spielen

1. ◆ Wir spielen Karten. ▲ Ich _spiele_ nicht _mit_ .

2. Wir spielen Fußball. Wer _____?

3. He Leute! Am Samstag mache ich eine Party. Jenny _____

   super Spiele _____.

4. ▼ Ich gehe einkaufen. ⚫ Was _____ du _____?

   ▼ Ich _____ es _____.

5. Ich gehe einkaufen. _____ du _____?

KB ▶ 9

16 Bau Sätze. Kleb die Aufkleber ein.

1. ◆

   ▲

2. ⚫

   ▲

17 Was passt? Lies die Sätze und trag sie in die richtigen Felder ein.

Ich • möchte • heute • nicht • einkaufen. 🐾 Kommst • du • mit? 🐾
Ich • kaufe • ein. 🐾 Ich • komme • nicht • mit. 🐾 Was • kaufst • du • ein? 🐾
Was • machst • du • heute Nachmittag?

1.   Ich   kaufe   ein.

2.

3.

4.

5.

6.

KB ▶ 11

18 Ergänze: *Nein* oder *Doch*.

1. ▪ Spielst du nicht gut Fußball?

   ● ___Nein___, ich spiele nicht gut Fußball.

2. ▪ Bastelst du keine Blume?

   ● _____, ich bastle eine Blume.

3. ▪ Isst du nicht gern Bananen?

   ● _____. Na klar!

4. ▪ Isst du nicht gern Salat?

   ● _____, ich esse lieber Pizza.

KB ▶ 13

19 Wie viel wiegen sie? Antworte.

A 38 Kilo

B 46 Kilo

C 97 Kilo

Achtunddreißig_____

Kilo._____   _____   _____

Deine Lernwörter

Schulsachen

das Heft, die Hefte

das Lineal, die Lineale

der Pinsel, die Pinsel

der Buntstift, die Buntstifte

der Spitzer, die Spitzer

der Füller, die Füller

der Filzstift, die Filzstifte

der Bleistift, die Bleistifte

der Malkasten, die Malkästen

der Kugelschreiber, die Kugelschreiber

das Mäppchen, die Mäppchen

der Radiergummi, die Radiergummis

die Sporttasche, die Sporttaschen

oder

das Kilo(gramm)

kosten

38 Kilo

(der) Euro

billig

teuer

ein(+)kaufen

mit(+)kommen

mit(+)bringen

auf(+)schreiben

doch

das T-Shirt,
die T-Shirts

Hast du einen Bleistift oder
einen Buntstift?

● Der Malkasten kostet
8 Euro 99.
▼ Oh, wie billig!
● Billig? Nein, das ist teuer!
■ Ich kaufe ein.
Kommst du mit?
▼ Nein. Bringst du Mar-
melade und Joghurt mit?
▲ Ja. Ich schreibe alles auf.
▲ Isst du keine Pizza?
■ Doch!

KB ▶ 1

1 Wie heißen diese Länder und Städte in deiner Sprache? Ergänze.
Schreib dann noch ein Land und eine Stadt dazu.

1. Deutschland _____

2. Österreich _____

3. Italien _____

4. England _____

5. Polen _____

6. Mexiko _____

7. die Schweiz _____

8. _____ _____

9. Berlin _____

10. New York _____

11. Paris _____

12. _____ _____

KB ▶ 3

2 Wohin fliegt das Flugzeug? Schreib die Städte richtig.

1. SRIGAPNU   _nach_ _____

2. PIASR   _____

3. BINELR   _____

3 Wohin fährt Simon? Finde den Weg und ergänze den Satz.

Simon fährt _____

4 Wohin möchten Leonie, Philipp, Andi und Amelie gern fahren? Schreib Sätze.

1. Leonie

Australien

Mexiko

2. Philipp

die Schweiz

3. Andi   4. Amelie

Japan

1. Leonie möchte gern nach Japan fahren.

2. _____

3. _____

4. _____

KB ▶ 5

5 Was passt zusammen? Verbinde.

1. Tschechisch   3. Spanisch   5. Griechisch   7. Polnisch

2. Englisch   4. Französisch   6. Italienisch

Spanien   Griechenland   Polen   England   Tschechien   Italien   Frankreich

6 Was ist das? Schreib die Sprachen in die Kästchen.

1. | F | r | a | n | z | ö | s | i | s | c | h |

4.

2.

5.

3.

6.

KB ▶ 6

7 a Lies die Dialoge und unterstreiche die Formen von *sprechen*.

◆ Wohin fahrt ihr in den Ferien?
■▼ Nach Spanien.
◆ <u>Sprecht</u> ihr Spanisch?
■▼ Nein, überhaupt nicht. Wir sprechen nur Deutsch und Englisch.

▼ Sprichst du Deutsch?
◆ Ja, natürlich. Ich spreche Deutsch, Englisch, Französisch, Italienisch, Polnisch und Tschechisch.
▼ Oh!

■ Sprechen Sie Deutsch oder Englisch?
▲ Ich spreche Deutsch und meine Frau spricht auch Englisch.

b Ergänze die Formen von *sprechen*.

	sprechen
ich	
du	
er/es/sie	

	sprechen
wir	
ihr	sprecht
sie/Sie	

8 Was passt? Ergänze.

Ja, natürlich. Nein, überhaupt nicht.

1.

Sprichst du Englisch?

_____
_____

2.

Sprichst du Französisch?

_____
_____

10

9 Was ist die richtige Reihenfolge? Kleb die Aufkleber ein.

10 Schreib die Monate richtig. Welche Monate fehlen? Schreib.

1. ketrOob Oktober

2. rilAp _____

3. aMi _____

4. iuJl _____

5. tbreeempS _____

6. bmeNerov _____

7. stuAug _____

8. barFure _____

11 Wann hat Alex Ferien? Schau den Kalender an und antworte.

J	F	M	A	M	J
Weihnachts-ferien			Osterferien		

J	A	S	O	N	D
Sommerferien			Herbstferien		Weihnachts-ferien

Im Januar, im _____

_____

12 **Wohin möchte Familie Meier? Ergänze die Sätze.**

Juli:
Italien
Frank

Dezember:
Mexiko
Gabi

Mai:
Griechenland
Manja

Oktober:
New York
Tom

1. Frank _möchte im Juli nach Italien fahren._

2. Gabi _____

3. Manja _____

4. Tom _____

KB ▸ **11**

13 **Schreib die Wörter zu den Bildern oder kleb die Aufkleber ein.**

 1. _wandern_ _____

 5. _____

2. _Fische_

   angeln

6. _____

 3. _____

7. _Oma und Opa_

   besuchen

4. _eine Radtour_

   machen

8. _Mountainbike_

   fahren

14 Wohin fährt Fabian? Schreib Fabians E-Mail in dein Heft.
Ersetze die Bilder durch die passenden Wörter.

Hallo Simon,

wir fahren im August nach [Italien]. Meine Mutter möchte [schwimmen]

und mein Vater möchte [angeln]. Das finde ich ☹. Ich möchte

lieber nach [England] und [Fahrrad fahren]. Wohin fährst du?

Fabian

KB ▸ 12

15 Lies die beiden Anzeigen. Was ist richtig: (a), (b) oder (c)? Kreuze an.

1

FERIENLAGER: Fährst du gern Mountainbike, machst du gern Radtouren und wanderst du gern?

Dann komm in den Ferien nach Bad Tölz. Hier kannst du wandern,
Mountainbike oder Fahrrad fahren und Ausflüge machen.
7 Tage im Juli und August
Du hast kein Mountainbike und kein Fahrrad?
Kein Problem! Du brauchst kein Mountainbike
und kein Fahrrad.
Du kannst auch Fußball und Volleyball spielen.
Bus: Frankfurt → Nürnberg → Bad Tölz

1. Hier kannst du
   (a) nur Mountainbike und Fahrrad fahren.
   (b) wandern, Mountainbike und
       Fahrrad fahren, Fußball und
       Volleyball spielen.
   (c) wandern, nicht Mountainbike
       und Fahrrad fahren, Ausflüge
       machen

2. Du brauchst
   (a) ein Mountainbike.
   (b) kein Mountainbike.
   (c) ein Fahrrad.

3. Das Ferienlager ist in
   (a) Nürnberg.
   (b) Frankfurt.
   (c) Bad Tölz.

② **SPORTCAMP:**

Hallo, was machst du in den Ferien?

Komm nach Usedom!
1. Zehn Tage im Juli
Programm: Fußball, Tischtennis,
Tennis, Schwimmen
2. Acht Tage im August
Programm: Fußball, Volleyball,
Basketball, Schwimmen
Nur im August: Am Mittwoch und am Samstag
Disco mit „DJ Pit"

1. Das Sportcamp ist

   ⓐ 8 Tage im Juli.

   ⓑ 8 Tage im August.

   ⓒ 10 Tage im Juni.

2. Was kannst du im August machen?

   ⓐ Fußball und Tennis spielen.

   ⓑ Tischtennis und Volleyball spielen.

   ⓒ Basketball und Volleyball spielen.

3. Die Disco mit „DJ Pit" ist

   ⓐ am Mittwoch und am
   Samstag im August.

   ⓑ am Mittwoch und am
   Samstag im Juli.

   ⓒ am Mittwoch und am
   Samstag im Juli und August.

KB ▶ 13

16 **Was sagen sie? Ergänze.**

 ⒶA: nöcheS neFeir!

 ⒷB: ufA redeinWehes.

Schöne Ferien!

_____

 ⒸC: scTshsü!

 ⒹD: liVe ßapS!

_____   _____

Deine Lernwörter

die Ferien _____

wohin _____

nach (+ Land / Stadt) _____

(!) in die Schweiz / Türkei

Italienisch, Englisch... _____

(!) Deutsch _____

sprechen ((!) du sprichst, _____

er/es/sie spricht) _____

überhaupt nicht _____

ja, natürlich _____

- ■ Wohin fährt Lisa in den Ferien?
- ▲ Nach Italien, nach Florenz.

- ● Sprichst du Italienisch?

- ▼ Nein, überhaupt nicht. ☹
- ▲ Ja, natürlich. ☺

die Monate

Januar	Februar	März
_____	_____	_____
April	Mai	Juni
_____	_____	_____
Juli	August	September
_____	_____	_____
Oktober	November	Dezember
_____	_____	_____

besuchen _____

im Mai _____

Im Mai besucht Paul seine Oma.

Freizeitaktivitäten

Boot fahren _____

eine Radtour machen _____

wandern _____

Mountainbike fahren _____

einen Ausflug machen _____

Fische angeln _____

Tschüss! _____

Auf Wiedersehen. _____

Viel Spaß! _____

Mach's gut! _____

Das kann ich schon

Mach die Übungen. Schau dann auf Seite 92. Wie bist du?
Mal an. ⬡ = 🙁, ⬡⬡ = 🙂, ⬡⬡⬡ = 😊

1 a Wie findest du das? Frag und antworte.

▼ _Wie findest du den Schal?_

● _____

▼ _59 Euro 99_

● _____

b Schreib noch einen Dialog in dein Heft.

59,99 €

3,95 €

2 Lies die Fragen und antworte mit: _Ja, Nein_ oder _Doch_.

1. ▼ _Machst du einen Ausflug?_   ▲ 🙂 _____

2. ▼ _Möchtest du nicht schwimmen?_   ▲ 🙂 _____

3. ▼ _Fährst du nicht gern Boot?_   ▲ 🙁 _____

3 Welche Sprachen sprichst du? Schreib Fragen und Antworten.

1. ● _Spr_ _____ _du_ _____ ?

   ◆ 🙂 _Ja, n_ _____ _Ich spr_ _____ .

2. ● _____ _du_ _____ ?

   ◆ 🙁 _Nein, ü_ _____

4 Deine Ferien: Ergänze den Dialog.

● _Wann hast du Ferien?_   ▼ _Im_ _____

● _Wohin fährst du in den Ferien?_ ▼ _____

● _Was möchtest du in den Ferien_   ▼ _Ich_ _____

  machen?   _____

● _Viel_ _____ !   ▼ _Danke_ _____

Lösungen

Das kann ich schon – Modul Der Neue, S. 21

Mögliche Lösungen:

1. ▲ Hallo!
   - ▲ Hi!
   - ▲ Wie heißt du?
   - ▲ Ich heiße Lotta.
   - ▲ Wie alt bist du?
   - ▲ Ich bin 10 Jahre alt.
   - ▲ Woher kommst du?
   - ▲ Ich komme aus der Schweiz, aus Zürich.
   - ▲ Spielst du Volleyball?
   - ▲ Na klar. Ich spiele Volleyball. / Nein. Ich spiele Tennis.

2. **A** Ich spiele Tennis. **B** Ich mache Hausaufgaben. **C** Ich fotografiere. **D** Ich spiele Fußball.

3. Das ist Lena. Sie kommt aus Winterthur, aus der Schweiz. Lena spielt Sudoku. Sie spielt super Basketball. Lena ist 11 Jahre alt.

4. **A** Die Brille ist lustig. **B** Das Auto ist super. **C** Das Spiel ist blöd. **D** Das Foto ist interessant.

Das kann ich schon – Modul Heute Nachmittag, S. 38

Mögliche Lösungen:

1. 1. ◆ Fahren wir heute Nachmittag Skateboard?
      - ▲ Nein, ich habe keine Zeit.
   2. ◆ Möchtest du Karten spielen?
      - ▲ Ja, ich möchte Karten spielen.
   3. ◆ Spielen wir Tennis?
      - ▲ Nein, ich habe keine Lust.

2. Am Mittwoch habe ich Mathematik, Biologie, Geschichte, Englisch und Sport.

3. ▲ Wann machst du Hausaufgaben?
   - ● Um drei Uhr.

4. Ich muss heute Nachmittag Nudeln kochen und Hausaufgaben machen.
   Ich möchte lieber Computerspiele spielen und Musik hören. Ich möchte nicht Hausaufgaben machen.

Das kann ich schon – Modul Das Haustier, S. 55

Mögliche Lösungen:

1. **A** Das ist mein Hund. Er heißt Idefix. Idefix ist weiß und braun. Er kann schwimmen. Er kann auch Ball spielen.
   B Das ist mein Pferd. Es heißt Flocke. Flocke ist weiß. Es kann springen. Es kann auch tanzen.
   C Das ist mein Papagei. Er heißt Lori. Lori ist rot, gelb, grün und blau. Er kann sprechen. Er kann auch singen und fliegen.

2. ◆ Kannst du Hip-Hop tanzen?
   - ▲ Na klar, ich kann gut Hip-Hop tanzen!
   - ▲ Ja, ein bisschen.
   - ▲ Nein, das kann ich nicht.

3. Das ist mein Vater. Mein Vater ist Koch. Sein Hobby ist Klavier spielen. Er kann super kochen.
   Das ist meine Schwester. Meine Schwester ist 14 Jahre alt. Sie isst gern Pizza. Sie kann gut schwimmen.

4a. **Vorname:** Marc **Nachname:** Rossel **Alter:** 11
   Lieblingsfarbe: schwarz **Hobbys:** Basketball spielen, Skateboard fahren **Geschwister:** Lara (Schwester, 5)

4b. Das ist mein Freund Marc. Sein Nachname ist Rossel. Er ist 11 Jahre alt. Seine Lieblingsfarbe ist schwarz. Sein Hobby ist Basketball spielen und Skateboard fahren. Seine Schwester heißt Lara. Sie ist 5 Jahre alt.

Das kann ich schon – Modul Aus Alt macht Neu, S. 73

Mögliche Lösungen:

1. Ich brauche Safttüten, Klebeband, Kleber und eine Schere. Ich brauche keine Dosen, keine Plastikflaschen, keine Zeitungen und keine Plastiktüten. Ich brauche keine Farben.

2. 1. ◆ Hast du die Briefmarke schon?
      - ▲ Nein.
      - ◆ Ich gebe dir die Briefmarke. Bekomme ich dafür die Sticker?
      - ▲ O.k.
   2. ▼ Möchtest du den Stein?
      - ● Nein. Ich sammle keine Steine.
      - ▼ Schade!

3. ● Hallo, Frau Berger, wie alt sind Sie?
   - ■ Ich bin 18 Jahre alt.
   - ● Sind Sie ein richtiger Fußballfan?
   - ■ Ja klar!
   - ● Sind Sie aus Köln?
   - ■ Nein, ich komme aus Bonn.
   - ● Ist der 1. FC Köln Ihr Lieblingsfußballverein?
   - ■ Ja!
   - ● Haben Sie einen Lieblingsspieler?
   - ■ Nein, ich finde alle gut.
   - ● Haben Sie auch Fan-Artikel?
   - ■ Ja, ich habe einen 1. FC-Köln-Schal.

Das kann ich schon – Modul Kommst du mit?, S. 91

Mögliche Lösungen:

1a. ▼ Wie findest du den Schal?
   - ● Super. Was kostet er denn?
   - ▼ 59 Euro 99.
   - ● Das ist aber teuer!

1b. ▼ Wie findest du das T-Shirt?
   - ▲ Cool. Was kostet es denn?
   - ▼ 3 Euro 95.
   - ▲ Oh, das ist billig.

2. 1. Ja.
   2. Doch.
   3. Nein.

3. 1. ● Sprichst du Deutsch?
      - ◆ Ja, natürlich. Ich spreche Deutsch.
   2. ● Sprichst du Italienisch?
      - ◆ Nein, überhaupt nicht.

4. ● Wann hast du Ferien?
   - ▼ Im Juli und im August.
   - ● Wohin fährst du in den Ferien?
   - ▼ Nach Italien.
   - ● Was möchtest du in den Ferien machen?
   - ▼ Ich möchte schwimmen, wandern und Boot fahren.
   - ● Viel Spaß!
   - ▼ Danke.

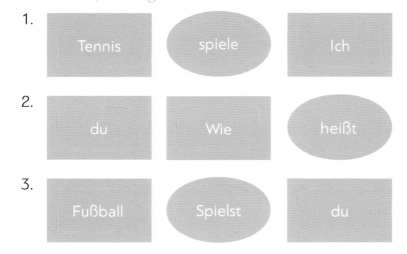

e   st   e   st   t   e

1. Tennis   spiele   Ich

2. du   Wie   heißt

3. Fußball   Spielst   du

A

Sofia.   Hallo. Wer bist du?   Ich bin zwölf.

Hi, ich bin Julia.   Wie alt bist du?   Und wie heißt du?

B

Cool!   Hallo Lisa!

Ich spiele Sudoku.   Was machst du da?

Hi. Wer bist du denn?

Lektion 3, Übung 4

1. ihr | Was | heute? | macht

2. Wir | Hausaufgaben | machen

3. Tischtennis | Spielen | wir

4. Spielt | auch Volleyball | ihr

Lektion 3, Übung 12a

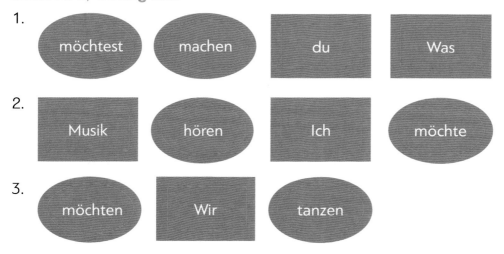

1. möchtest | machen | du | Was

2. Musik | hören | Ich | möchte

3. möchten | Wir | tanzen

Lektion 3, Übung 12b

4.

ihr   spielen   Möchtet   Klavier

Lektion 4, Übung 18

1.

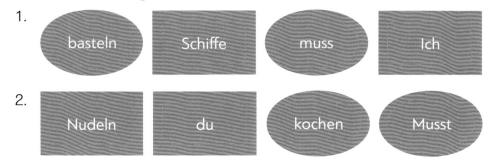

basteln   Schiffe   muss   Ich

2.

Nudeln   du   kochen   Musst

Lektion 5, Übung 5

ein   eine   ein

Lektion 7, Übung 3

keine   kein   kein

Lektion 8, Übung 13

en   t   en   st   e   t   en

Lektion 9, Übung 2

Lektion 9, Übung 16

1.

jetzt	gehe	einkaufen	Ich

du	Kaufst	ein	Schokolade

mit	bitte Bananen	Bringst	du

2.

Wir	Fußball	spielen	um drei Uhr

Möchtet	mitspielen	ihr

nicht	Ich	mit	spiele

Lektion 10, Übung 9

Mai	Dezember	März	Oktober

Juli	Januar	Juni	Februar

August	September	November	April

Lektion 10, Übung 13